Un dios solitario
y otros relatos

Agatha Christie

UN DIOS SOLITARIO
y otros relatos

Traducción de
Carlos Milla Soler

PLAZA & JANÉS EDITORES, S.A.

Título original: *White the Light Lasts*
Diseño de la portada: Jordi Lascorz/Marta Borrell
Fotografía de la portada: © Francesc Daranas

Primera edición: mayo, 1998
Segunda edición: mayo, 1998

© 1997, Agatha Christie Ltd.
© de la traducción, Carlos Milla Soler
© 1998, Plaza & Janés Editores, S. A.
    Travessera de Gràcia, 47-49. 08021 Barcelona

Printed in Spain – Impreso en España

ISBN: 84-01-32726-1
Depósito legal: B. 21.856 - 1998

Fotocomposición: gama, s. l.

Impreso en Hurope, S. L.
Lima, 3 bis. Barcelona

L 327261

ÍNDICE

PREFACIO

Agatha Christie, la «reina del crimen» *original*, es aún la mayor y más conocida autora de literatura policiaca clásica. Su novela más famosa, y posiblemente la novela policiaca más famosa jamás escrita, es *El asesinato de Rogelio Ackroid* (1926), que escandalizó a los críticos y, por esa misma razón, le sirvió para colocarse entre los principales autores del género. Resolvió aquel caso Hércules Poirot, ex miembro de la policía belga y protagonista en el futuro de 33 novelas, incluidas *Asesinato en el Orient Express* (1930), *El misterio de la guía de ferrocarriles* (1936), *Cinco cerditos* (1942), *Después del funeral* (1953), *Las manzanas* (1969) y *Telón* (1975). Entre sus detectives, Agatha Christie sentía especial predilección por Miss Jane Marple, una anciana solterona que apareció en 12 novelas, incluidas *Muerte en la vicaría* (1930), *Un cadáver en la biblioteca* (1942), *Un puñado de centeno* (1953), *Misterio en el Caribe* (1964) y su continuación *Némesis* (1971), y por último *Un crimen dormido* (1976), que como *Telón* había sido escrita durante el bombardeo alemán de Londres casi cuarenta años antes. Y entre las 21 novelas en que no figuran ninguno de los detectives habituales de Agatha Christie se encuentran *Diez negritos* (1939) –en la que ni siquiera hay detective–, *La casa torcida* (1949), *Inocencia trágica* (1959) y *Noche eterna* (1967).

9

A lo largo de una carrera literaria de más de medio siglo, Agatha Christie escribió 66 novelas, una autobiografía, seis libros con el seudónimo «Mary Westmacott», una crónica de su expedición a Siria, dos libros de poesía, otro de poemas y cuentos infantiles, más de una docena de obras de misterio para el teatro y la radio, y alrededor de ciento cincuenta relatos. Esta nueva recopilación reúne nueve relatos que, salvo un par de excepciones, no se habían reeditado desde su primera publicación (en algunos casos entre sesenta y setenta años atrás). Poirot aparece en dos de los relatos, «El misterio del arcón de Bagdad» y «La aventura de Navidad», que son las versiones originales de dos novelas cortas incluidas en la selección *El pudín de Navidad* (1960). «El acantilado» es un tenso relato psicológico, y «La actriz» describe un astuto engaño. El enigmático «Entre paredes blancas» y «Un dios solitario» son historias románticas y datan de los inicios de Agatha Christie como escritora. Lo sobrenatural se halla representado en «La casa de sus sueños» y «Mientras haya luz». Se incluye asimismo «El oro de Man», un relato cuya forma y concepto fueron únicos en su momento pero gozan desde entonces de gran aceptación en todo el mundo.

Del primero al último, estos nueve relatos muestran el inimitable estilo de Agatha Christie. Un auténtico festín para los conocedores.

TONY MEDAWAR
Londres,
diciembre de 1996

AGRADECIMIENTOS

Con gratitud a John Curran, Jared Cade, Karl Pike, autor de *Agatha Christie: The Collector's Guide*, y Geoff Bradley, responsable de la edición de *Crime and Detective Stories*.

T. M.

LA CASA DE SUS SUEÑOS

Ésta es la historia de John Segrave: de su vida, que fue insatisfactoria; de su amor, no correspondido; de sus sueños, y de su muerte. Y si en estos últimos encontró lo que en aquéllos le había sido negado, podría considerarse que en suma disfrutó de una vida venturosa. ¿Quién sabe?

La familia de John Segrave andaba de capa caída desde hacía un siglo. Sus antepasados habían sido ricos hacendados desde la época isabelina, pero no quedaban ya más tierras por vender. Se había juzgado oportuno que al menos uno de los hijos se instruyese en el provechoso arte de amasar fortuna. Una involuntaria ironía del destino quiso que fuese John el elegido.

Viendo su boca peculiarmente sensual y sus ojos garzos y alargados, apenas dos rendijas que le conferían un aire de elfo o fauno, de criatura montaraz salida de los bosques, resultaba incomprensible que fuese él la ofrenda, el sacrificio en el altar de las finanzas. El olor de la tierra, el sabor del salitre en los labios, el cielo raso sobre la cabeza... ésas eran las cosas que John Segrave más quería, y a las que debía decir adiós.

A los dieciocho años entró como joven empleado en una importante compañía. Siete años más tarde seguía siendo empleado, ya no tan joven pero con idéntica categoría. Su modo de ser no incluía la facultad de «prosperar en la vida». Era puntual, voluntarioso, diligente... un empleado y nada más que un empleado.

Y sin embargo podría haber sido... ¿qué? Él mismo era incapaz de responder a esa pregunta, pero tenía la firme convicción de que en alguna parte existía una vida en la que su presencia sería digna de consideración. Poseía una fuerza, una rapidez de percepción, una cualidad indefinida que sus compañeros de fatigas no imaginaban siquiera. Les caía bien. Despertaba simpatía por su despreocupada cordialidad, y nadie reparaba en el hecho de que excluía a los demás de cualquier forma de verdadera intimidad, aunque, eso sí, con igual despreocupación.

El sueño se presentó de manera súbita. No era una fantasía infantil aumentada y desarrollada a lo largo de los años. Lo asaltó una noche a mediados de verano, o para ser más exactos ya de madrugada. John Segrave se despertó estremecido e intentó denodadamente retenerlo mientras se esfumaba, escurriéndosele entre los dedos con la evanescencia propia de los sueños.

Se aferró a él con desesperación. No debía dejarlo escapar. No debía. Debía fijar aquella casa en su memoria. Era *la* Casa, sin duda. La Casa que tan bien conocía. ¿Era una casa real o existía únicamente en sus sueños? No lo recordaba; pero desde luego la conocía, la conocía muy bien.

La luz tenue y gris del alba se filtraba en la habitación. La quietud era extraordinaria. A las cuatro y media de la mañana Londres, el cansado Londres, hallaba un breve instante de paz.

John Segrave permaneció inmóvil, arrebujado en su júbilo, en la exquisita belleza del prodigioso sueño. ¡Con qué habilidad había conseguido grabárselo en la mente! Por norma, los sueños pasaban de manera fugaz, se desvanecían mientras uno, con la gradual conciencia del despertar, trataba de atraparlos y detenerlos con sus torpes manos. Pero él había sido más rápido que aquel sueño. Lo había asido cuando se deslizaba velozmente ante él.

Era un sueño fuera de lo común. Aparecía la casa y... Un sobresalto interrumpió sus cavilaciones, pues al pararse a pensar cayó en la cuenta de que nada recordaba aparte de la casa. Y de pronto, con un asomo de decepción, descubrió que en realidad no conocía aquella casa. Ni siquiera había soñado antes con ella.

Era una casa blanca, construida en lo alto de un promontorio. Se veían árboles alrededor y colinas azules a lo lejos; pero su peculiar encanto no residía en el paisaje, puesto que (y ahí estaba la clave, el clímax del sueño) era una casa preciosa, singularmente preciosa. Se le aceleró el corazón al revivir de nuevo la insólita belleza de la casa.

El exterior, por supuesto, ya que nunca había estado dentro. A ese respecto no había duda, la menor duda.

Luego, a medida que cobraban forma los lóbregos contornos de su habitación de alquiler, experimentó la desilusión del soñador. Quizá, después de todo, el sueño no había sido tan prodigioso, ¿o acaso la parte prodigiosa, la parte esclarecedora, se le había escapado, mofándose de sus vanos esfuerzos por aprehenderla? Una casa blanca, en lo alto de un promontorio... Aparentemente no había en eso motivo alguno para tanto entusiasmo. Era una casa grande, recordaba, con muchas ventanas, y todas las persianas bajadas no porque sus moradores se hubiesen marchado (de eso estaba seguro), sino porque era tan temprano que nadie se había levantado aún.

De pronto se rió del sinsentido de sus imaginaciones y recordó que esa noche tenía que cenar con el señor Wetterman.

Maisie Wetterman era la única hija de Rudolf Wetterman y estaba acostumbrada a conseguir todo cuanto quería. En una visita al despacho de su padre se había fijado en John Segrave. A petición de su padre, el joven había entrado unas cartas. Cuando salió, Maisie preguntó por él a su padre. Wetterman le habló con franqueza.

–Es hijo de sir Edward Segrave. Una familia de alcurnia, pero ida a menos. Este muchacho nunca llegará a nada. Yo lo aprecio, pero es un cero a la izquierda. Le falta empuje.

Quizá a Maisie el empuje la traía sin cuidado. Era una cualidad a la que su progenitor atribuía más valor que ella. Fuera como fuese, quince días después convenció a su padre de que invitase a John Segrave a cenar. Sería una cena íntima: Maisie, su padre, John Segrave y una amiga que pasaba una temporada en casa con ella.

La amiga no pudo reprimir ciertos comentarios.

–Supongo, Maisie, que tienes derecho a devolución. Después, si estás satisfecha de la adquisición, tu padre lo envolverá para regalo y se lo traerá a su querida hijita, comprado y pagado como debe ser.

–¡Allegra, eres el colmo!

Allegra Kerr se echó a reír.

–Maisie, no te privas de ningún capricho, bien lo sabes. Me gusta ese sombrero, me lo quedo. Si puede hacerse con los sombreros, ¿por qué no con los maridos?

–No digas tonterías. Apenas he hablado con él todavía.

–No. Pero ya has tomado una decisión –repuso Allegra–. ¿Qué ves en él, Maisie?

–No lo sé –dijo pausadamente Maisie Wetterman–. Es... distinto.

–¿Distinto?

–Sí. No sabría explicártelo. A su manera es apuesto, sí, pero no se trata de eso. Cuando estás ante él, parece no verte. A decir verdad, no creo que me mirase siquiera el otro día en el despacho de mi padre.

Allegra volvió a reír.

–Ése es un truco muy viejo. Un joven astuto, diría yo.

–¡Allegra, eres odiosa!

–Anímate, querida. Papá se encargará de traerle un manso corderito a su pequeña Maisie.

–No es ése mi deseo.

–El amor con mayúsculas, ¿eso es lo que esperas? –preguntó Allegra.

–¿Por qué no iba a enamorarse de mí?

–Por nada en particular. Ojalá se enamore.

Allegra sonrió y observó a su amiga de arriba abajo. Maisie Wetterman era una muchacha de corta estatura, tirando a rellena, y cabello castaño cortado a lo *garçon* y artísticamente ondulado. Los colores de moda en polvos y carmín realzaban su excelente cutis. Tenía la boca proporcionada y los dientes regulares, los ojos pequeños y chispeantes, y la barbilla quizá un poco pronunciada. Vestía con buen gusto.

–Sí –añadió Allegra una vez concluido su escrutinio–. Estoy convencida de que se enamorará. En conjunto causas un efecto francamente bueno, Maisie.

Maisie la miró con escepticismo.

–Lo digo en serio –aseguró Allegra–. Lo digo en serio, palabra de honor. Pero supón por un momento que eso no ocurre; que se enamore quiero decir. Supón que llega a sentir por ti un afecto sincero pero platónico. Entonces ¿qué?

–Puede que no me guste cuando lo conozca mejor.

–Es posible. Sin embargo también podría ser que te gustase mucho más. Y en tal caso...

Maisie se encogió de hombros.

–Espero tener orgullo suficiente...

–El orgullo –la interrumpió Allegra– sirve para disimular los sentimientos, no para evitarlos.

–En fin, no veo razón para no admitirlo –contestó Maisie, ruborizada–: *soy* un buen partido. Desde su punto de vista, claro; la hija de su padre y esas cosas.

–Una futura participación en el negocio y todo eso –dijo Allegra–. Sí, Maisie; eres hija de tu padre, de eso no hay duda. Me complace oírte hablar así. Me encanta que mis amigos se comporten como es propio de ellos.

El ligero tono de burla molestó a Maisie.

–Eres detestable, Allegra.

–Pero estimulante, querida. Por eso me acoges en tu casa. Me interesa la historia, como tú sabes, y siempre me había intrigado el motivo por el cual se toleraba y de hecho se fomentaba la figura del bufón de la corte. Ahora que yo misma lo soy, he conseguido por fin entenderlo. A algo tenía que dedicarme, y ése no es un mal papel. Ahí estaba yo, orgullosa y sin blanca, como la heroína de una novela rosa, bien nacida y mal educada. «"¿Y ahora qué haré? Sabe Dios", dijo ella.» Según observé, se tenía en gran estima a la consabida pariente pobre, siempre dispuesta a pasar sin fuego en la habitación y contenta de aceptar encargos y «ayudar a su querida prima Fulana de Tal». En realidad no la quiere nadie, excepto aquellos que no pueden permitirse criados y la tratan como a una esclava.

»Así que opté por el papel de bufón. Insolencia, franqueza, una pizca de ingenio de vez en cuando (no demasiado por temor a defraudar luego las expectativas de los demás), y detrás de todo eso una perspicaz observación de la naturaleza humana. A la gente le gusta oír lo horrible que es; por eso acude en tropel a escuchar a los predicadores. Y he tenido un gran éxito. Recibo continuas invitaciones. Puedo llevar una vida desahogada a costa de mis amigos, y me guardo bien de fingir gratitud.

–Eres única, Allegra. Hablas sin pensar.

–Ahí te equivocas. Pienso mucho todo lo que digo. Mi aparente espontaneidad es siempre calculada. Tengo que andar con cuidado. Este trabajo debe durarme mientras viva.

–¿Por qué no te casas? –preguntó Maisie–. Me consta que has tenido muchas ofertas.

Una expresión severa apareció de pronto en el rostro de Allegra.

–Nunca me casaré.

–Porque... –Maisie, mirando a su amiga, dejó la frase inacabada.

Allegra movió la cabeza en un breve gesto de asentimiento.

Se oyeron unas pisadas en la escalera. El mayordomo abrió la puerta y anunció:

–El señor Segrave.

John entró sin especial entusiasmo. No imaginaba por qué lo había invitado el viejo. Si hubiese podido librarse del compromiso, lo habría hecho. Aquella casa, con su sólida magnificencia y el suave pelo de sus alfombras, lo deprimía.

Una muchacha se acercó y le estrechó la mano. Recordaba vagamente haberla visto en el despacho de su padre.

—Mucho gusto, señor Segrave. Señor Segrave, la señorita Kerr.

John salió súbitamente de su apatía. ¿Quién era esa otra joven? ¿De dónde había surgido? A juzgar por los ropajes ígneos que flotaban en torno a su cuerpo y las diminutas alas de Mercurio que coronaban su pequeña cabeza griega, se habría dicho que era un ser transitorio y fugaz, destacándose sobre el apagado fondo con un efecto de irrealidad.

Al cabo de un momento entró Rudolf Wetterman, acompañado por los crujidos de su amplia y reluciente pechera. Sin mayores formalidades comenzaron a cenar.

Allegra Kerr conversó con su anfitrión. John Segrave tuvo que dedicar su atención a Maisie, pese a que no podía apartar de su pensamiento a la otra muchacha. Poseía un gran encanto, aunque era un encanto, pensó, más afectado que natural. Sin embargo detrás de eso se percibía algo más, un fulgor trémulo, irregular, fluctuante, como los fuegos fatuos que antaño atraían a los hombres desde los pantanos.

Tuvo por fin ocasión de hablar con ella. Maisie transmitía a su padre un mensaje de algún amigo que había visto aquel día. Pero llegado el momento se sintió cohibido y la miró en silencio con expresión suplicante.

—Temas de sobremesa —dijo ella para romper el hielo—. Podemos comenzar por los teatros o con una de esas innumerables preguntas de apertura: «¿Le gusta a usted...?»

John se echó a reír.

—Y si descubrimos que a los dos nos gustan los perros o nos desagradan los gatos rubios —contestó—, se formará entre nosotros lo que llaman un «lazo afectivo».

—Sin duda —afirmó Allegra con fingida seriedad.

—Es una lástima, creo, ceñirse a un guión.

—Sin embargo eso pone la conversación al alcance de todos.

–Cierto –convino John–, pero con consecuencias desastrosas.

–Conviene conocer las reglas, aunque sólo sea para transgredirlas.

John sonrió.

–Supongo, pues, que usted y yo nos abandonaremos a nuestras particulares ocurrencias, aun a riesgo de sacar a la luz la genialidad, que es prima hermana de la locura.

Con un movimiento brusco y descuidado, la muchacha golpeó con la mano una copa de vino. La copa cayó al suelo y se rompió ruidosamente. Maisie y su padre dejaron de hablar.

–Lo siento mucho, señor Wetterman –se disculpó Allegra–. Ahora me dedico a tirar copas al suelo.

–Mi querida Allegra, no tiene la más mínima importancia, la más mínima.

Entre dientes, John Segrave masculló:

–Cristales rotos. Eso trae mala suerte. Ojalá... no hubiese ocurrido.

–No se preocupe –dijo Allegra–. ¿Cómo era aquella frase? «No es posible traer mala suerte al lugar donde la mala suerte habita.»

Allegra se volvió de nuevo hacia Wetterman. John, reanudando la conversación con Maisie, trató de situar la cita. Por fin lo consiguió. Eran las palabras pronunciadas por Siglinda en *La walkiria* cuando Sigmundo propone abandonar la casa.

¿Ha querido decir...?, pensó John.

Pero Maisie le preguntaba ya su opinión sobre la última revista musical. Poco antes John había admitido su afición por la música.

–Después de la cena pediremos a Allegra que toque un rato –sugirió Maisie.

Pasaron al salón todos juntos, hombres y mujeres, costumbre que Wetterman, en secreto, consideraba incivilizada. Él prefería la ceremoniosa solemnidad del ofrecimiento de cigarros y la botella de vino circulando de mano en mano.

Pero quizá aquella noche fuese mejor así. No imaginaba de qué demonios podría hablar con el joven Segrave. Maisie estaba excediéndose con sus caprichos. Aquel tipo no era precisamente atractivo –atractivo de verdad– y menos aún simpático. Sintió alivio cuando Maisie pidió a Allegra que tocase algo. Así la velada no se prolongaría tanto. Aquel joven idiota ni siquiera jugaba al bridge.

Allegra tocaba bien, aunque sin la seguridad de un profesional. Interpretó música moderna: Debussy, Strauss y un poco de Scriabin. A continuación ejecutó el primer movimiento de la *Sonata Patética* de Beethoven, esa expresión de dolor infinito, de un pesar tan inmenso y eterno como el tiempo, que sin embargo destila de principio a fin el ánimo de quien no acepta la derrota, y en la majestuosidad de esa perpetua aflicción avanza con el ritmo del conquistador hacia su sino.

En los últimos compases Allegra vaciló, tocó un acorde disonante y se interrumpió bruscamente. Miró a Maisie y rió con una mueca burlona.

–Como ves, no me dejan en paz –dijo.

De inmediato, sin esperar respuesta a su enigmático comentario, acometió una melodía extraña e inquietante de misteriosos acordes y curioso compás, distinta de cualquier otra música que Segrave hubiese oído hasta entonces. Era delicada como el vuelo de un pájaro suspendido en el aire. De pronto, sin transición previa, se convirtió en una confusa sucesión de notas discordantes, y Allegra, riendo, se levantó y se apartó del piano.

Pese a su risa, se la notaba alterada, casi asustada. Se sentó junto a Maisie, y John oyó susurrar a ésta:

–No deberías hacerlo. En serio, no deberías.

–¿Qué era eso último? –preguntó John con vivo interés.

–Una composición mía –contestó Allegra con tono seco y cortante.

Wetterman cambió de tema.

Aquella noche John Segrave volvió a soñar con la Casa.

John se sentía desdichado. Nunca antes su vida le había resultado tan tediosa. Hasta ese momento la había aceptado con resignación, como una necesidad desagradable que, no obstante, dejaba intacta en esencia su libertad interior. De repente todo había cambiado. Los mundos exterior e interior se confundían.

No se engañó en cuanto a la causa de tal cambio. Se había enamorado de Allegra Kerr a primera vista. ¿Qué haría al respecto?

Aquella primera noche, dado el inicial desconcierto, no había planeado nada. Ni siquiera había intentado verla de nuevo. Poco tiempo después, cuando Maisie Wetterman, lo invitó a pasar un fin de semana en la casa de campo de su padre, acudió entusiasmado; pero, para su decepción, Allegra no estaba allí.

La mencionó una vez tímidamente, y Maisie le explicó que se hallaba de visita en Escocia. John no insistió más. Habría deseado seguir hablando de ella, pero no consiguió articular palabra.

Ese fin de semana su comportamiento dejó perpleja a Maisie. No parecía darse cuenta... en fin, no parecía darse cuenta de lo evidente. Maisie no se anduvo con rodeos, pero con él de nada servían sus directos métodos. John la consideraba amable pero un tanto abrumadora.

Sin embargo las moiras fueron más poderosas que Maisie, y quisieron que John volviese a ver a Allegra.

Se encontraron casualmente en el parque un domingo por la tarde. John la vio de lejos, y el corazón empezó a latirle con fuerza contra las costillas. Y si se había olvidado de él...

Pero Allegra lo recordaba. Se detuvo y habló con él. Minutos después paseaban juntos por la hierba. John se sentía absurdamente feliz.

De improviso preguntó:

—¿Cree usted en los sueños?

—Creo en las pesadillas —repuso Allegra. La aspereza de su contestación sorprendió a John.

–Las pesadillas –repitió él como un estúpido–. No me refería a las pesadillas.

–No –dijo ella–. En su vida no ha habido pesadillas, eso se nota.

De pronto su voz sonaba distinta, más tierna.

John, tartamudeando ligeramente, le habló de la casa blanca de sus sueños. Había soñado con ella ya seis veces, no, siete. Siempre la misma. Y era hermosa, muy hermosa.

–¿Se da cuenta? En cierto modo tiene que ver con *usted* –prosiguió John–. Soñé con ella por primera vez la noche antes de conocerla.

–¿Conmigo? –Allegra dejó escapar una risa breve y amarga–. No, eso es imposible: la casa era hermosa.

–Y usted también –aseguró John Segrave.

Un tanto enojada, Allegra se ruborizó.

–Disculpe. He dicho una tontería. Ha dado la impresión de que buscaba un halago, ¿verdad? Pero nada más lejos de mis deseos. Exteriormente no tengo mala presencia, ya lo sé.

–Aún no he visto la casa por dentro –dijo John–. Cuando la vea, sin duda la encontraré tan hermosa como por fuera. –Hablaba despacio, con seriedad, dando a las palabras un sentido que Allegra prefirió pasar por alto–. Quiero decirle otra cosa, si está dispuesta a escucharme.

–Escucharé –contestó Allegra.

–Voy a dejar mi empleo. Tenía que haberlo dejado hace mucho, ahora lo veo claro. Me he conformado con mi suerte, consciente de mi fracaso, sin preocuparme demasiado, viviendo día a día. Ése no es comportamiento propio de un hombre. Un hombre debe buscar una actividad para la que esté capacitado y triunfar en ella. Voy a dejar esto y dedicarme a otra cosa, algo muy distinto. Se trata de una especie de expedición al África occidental. No puedo entrar en detalles; me he comprometido a mantenerlo en secreto. Pero si todo sale según lo previsto... en fin, seré rico.

–¿También usted, pues, mide el éxito en función del dinero?

–Para mí el dinero sólo significa una cosa: ¡Usted! Cuando regrese... –John se interrumpió.

Allegra agachó la cabeza. Había palidecido.

–No fingiré haber entendido mal. Porque he de decirle algo ahora mismo, de una vez para siempre: *nunca me casaré.*

John reflexionó por un momento y luego, con extrema delicadeza, preguntó:

–¿No puede decirme por qué?

–Podría, pero decírselo es lo que menos deseo en este mundo.

John quedó de nuevo en silencio. De repente alzó la vista y una sonrisa singularmente atractiva iluminó su rostro de fauno.

–Comprendo –afirmó–. No quiere permitirme entrar en la Casa, ni siquiera a echar una breve ojeada. Las persianas deben seguir bajadas.

Allegra se inclinó y apoyó una mano en la de él.

–Sólo le diré una cosa. Usted sueña con su Casa. Yo en cambio no tengo sueños; tengo pesadillas.

Y dicho esto se alejó, súbitamente, dejándolo en el mayor desconcierto.

Aquella noche John soñó de nuevo. Últimamente había comprobado que la Casa estaba sin duda habitada. Había visto una mano que apartaba una persiana; había vislumbrado siluetas que se movían en el interior.

Aquella noche la Casa parecía más hermosa que nunca. Sus paredes blancas resplandecían al sol. La imagen era de una paz y una belleza absolutas.

De pronto lo asaltó un júbilo más intenso. Alguien se acercaba a la ventana. Lo sabía. Una mano, la misma que había visto antes, cogió la persiana y la apartó. En unos segundos vería...

Se despertó, estremecido aún a causa del horror, de la indescriptible aversión experimentada al contemplar a la *Criatura* que lo había mirado desde la ventana de la Casa.

Era una Criatura inconcebiblemente horrenda, una Criatura tan abominable y repulsiva que su mero recuerdo le producía náuseas. Y John sabía que lo más espantoso y repugnante de ella era su presencia en aquella casa, la Casa de la Belleza.

Ya que donde aquella Criatura moraba había horror, un horror que se alzaba y hacía añicos la paz y la serenidad que correspondían a la Casa por derecho propio. La belleza, la extraordinaria e inmortal belleza de la Casa, había quedado mancillada de manera irremediable, pues entre sus sagradas paredes habitaba la Sombra de una Criatura Inmunda.

Segrave sabía que si volvía a soñar con la Casa, despertaría de inmediato sobresaltado, por miedo a que desde su blanca belleza lo mirase de pronto la Criatura.

Cuando salió de la oficina al día siguiente, fue derecho a casa de los Wetterman. Tenía que ver a Allegra Kerr. Maisie sabría dónde localizarla.

Cuando lo llevaron ante Maisie, ella saltó de su asiento. John no percibió el destello de ilusión que iluminó sus ojos. Con la mano de Maisie aún en la suya, titubeando, formuló su pregunta:

–La señorita Kerr... Nos encontramos ayer, pero no sé dónde vive.

John no notó la súbita flaccidez en la mano de Maisie al retirarla, ni extrajo conclusión alguna de la repentina frialdad de su voz.

–Allegra está aquí, hospedada en esta casa. Pero, sintiéndolo mucho, ahora no puede verla.

–Pero...

–Su madre ha muerto esta mañana –continuó Maisie–. Acabamos de recibir la noticia.

–¡Oh! –exclamó John, desconcertado.

–Ha sido muy triste –dijo Maisie. Vaciló por un instante y luego añadió–: Verá, ha muerto... bueno, prácticamente en un manicomio. Ha habido muchos casos de demencia en la familia. El abuelo se pegó un tiro; una de las tías de Allegra es una débil mental desahuciada, y otra murió ahogada, también por suicidio.

John Segrave dejó escapar un balbuceo inarticulado.

–He pensado que debía saberlo –dijo Maisie con tono virtuoso–. Para eso están los amigos, y nosotros lo somos, ¿no? Ya sé que Allegra es muy atractiva. Muchos hombres han pedido su mano, pero como es lógico ella no quiere casarse. No sería correcto, ¿no cree?

—Ella está bien —afirmó John, y su propia voz le sonó ronca y poco natural—. No le pasa nada.

—Eso nunca se sabe. Su madre, de joven, tampoco parecía tener ningún problema. Y últimamente... en fin, no es que fuese sólo un poco rara; estaba loca de atar. Es espantosa, la demencia.

—Sí, horrible —dijo John, comprendiendo de pronto qué era la Criatura que lo había mirado desde la ventana de la Casa.

Maisie seguía hablando.

—En realidad —la interrumpió John bruscamente— he venido a despedirme, y agradecerle de paso su amabilidad.

—¿No irá a... marcharse de la ciudad? —preguntó Maisie con manifiesta inquietud.

John sonrió de medio lado; era una sonrisa triste y seductora.

—Sí —contestó—. A África.

—¡África! —repitió Maisie, perpleja.

Aún no había salido de su asombro cuando John Segrave le estrechó la mano y se fue, dejándola allí plantada, con los puños tensos a los costados y una mancha de airado rubor en cada mejilla.

Abajo, en el umbral de la puerta, John Segrave se encontró cara a cara con Allegra, que entraba de la calle. Vestía de negro y tenía el rostro pálido y sin vida. Le lanzó una mirada y le pidió que la acompañase a una pequeña sala.

—Maisie ya lo ha puesto al corriente --dijo Allegra—. Lo sabe, ¿verdad?

John asintió con la cabeza.

—Pero ¿qué más da? *Usted* está bien. Algunos... se libran.

Allegra lo contempló con expresión sombría y lastimera.

—Usted *está* bien —insistió él.

—No lo sé —susurró Allegra—. No lo sé. Ya le dije que tengo pesadillas. Y cuando toco el piano, *esos otros* se adueñan de mis manos.

John la observaba paralizado. Mientras Allegra hablaba, algo asomó fugazmente a sus ojos. Desapareció en un instante, pero John lo reconoció: era la Criatura que lo había mirado desde la Casa.

Allegra advirtió su leve respingo.

—Me ha comprendido —musitó—. Me ha comprendido... Pero lamento que Maisie se lo haya dicho. Lo ha privado a usted de todo.

—¿De todo? —preguntó John.

—Sí. Ni siquiera le quedarán los sueños. A partir de ahora nunca más se atreverá a soñar con la Casa.

En el África occidental caía un sol de justicia y apretaba el calor.

John Segrave seguía gimiendo.

—No la encuentro. No la encuentro.

El médico inglés de corta estatura, cabello rojo y pronunciada mandíbula observaba a su paciente con expresión ceñuda y su característica actitud intimidatoria.

—Repite eso una y otra vez —comentó—. ¿A qué se refiere?

—Habla, creo, de una casa —susurró la hermana de la caridad de la misión católica con su afable imperturbabilidad, contemplando también al enfermo.

—Una casa, ¿eh? Bien, pues tiene que quitársela de la cabeza, o no se recuperará. El problema está en su mente. ¡Segrave! ¡Segrave!

El enfermo consiguió concentrar su errática atención. Cuando posó la mirada en el rostro del médico, pareció reconocerlo.

—Escuche, se pondrá bien. Voy a curarlo. Pero no debe preocuparse más por esa casa. No va a escaparse, ¿entiende? Así que por ahora deje de buscarla.

—De acuerdo —respondió Segrave con aparente docilidad—. Considerando que ni siquiera existe, supongo que no puede escaparse.

—¡Claro que no! —El médico rió con su natural optimismo–. Ahora no tardará ya en recuperarse. –Y sin perder tiempo en ceremonias se marchó.

Segrave se quedó en la cama meditabundo. La fiebre había remitido por el momento, y podía pensar con lucidez. *Tenía* que encontrar la Casa.

Durante diez años había temido encontrarla. La idea de que se le apareciese de improviso era su mayor terror. Y de pronto un día, cuando sus miedos se habían adormecido, la Casa lo encontró a él. Recordaba con toda claridad el angustioso terror inicial, y la posterior sensación de alivio, repentina, profunda. ¡Ya que la Casa estaba vacía!

Por completo vacía y en una paz absoluta. Seguía igual que en sus recuerdos de diez años atrás. No la había olvidado. Un enorme furgón de mudanzas negro se alejaba lentamente de la Casa. Por lo visto, el último inquilino se marchaba con sus muebles. John se acercó a los responsables del furgón y habló con ellos. El furgón, totalmente negro, tenía algo siniestro. Los caballos, con las crines y las colas al viento, eran también negros, y los hombres llevaban trajes y guantes negros. Todo aquello le recordaba algo, algo que no lograba precisar.

Sí, sus suposiciones habían sido acertadas. El último inquilino se mudaba; su contrato de arrendamiento había expirado. De momento, hasta que el propietario regresase del extranjero, la Casa permanecería deshabitada.

Y al despertar lo había inundado la apacible belleza de la Casa vacía.

Un mes más tarde recibió una carta de Maisie (perseverante, le escribía una vez al mes). En ella le comunicaba que Allegra Kerr había fallecido en el mismo manicomio que su madre, ¿no era una lástima? Aunque también, en sus circunstancias, una bendición.

Había sido muy extraño, recibir la noticia en aquel momento, poco después del sueño. John no entendía exactamente por qué, pero se le había antojado extraño.

Y lo peor era que desde entonces no había conseguido encontrar la Casa. Por alguna razón, había olvidado el camino.

La fiebre lo atacó de nuevo. Se agitó inquieto. ¡Claro, la Casa estaba en lo alto de un promontorio! ¿Cómo había podido olvidarlo? Tenía que subir hasta allí. Pero escalar precipicios era peligroso, muy peligroso. Arriba, arriba, arriba... ¡Oh! Había resbalado. Tenía que empezar de nuevo desde abajo. Arriba, arriba, arriba... Transcurrieron días, semanas, quizá incluso años, aunque no estaba seguro. Y seguía subiendo.

En una ocasión oyó la voz del médico. Pero no podía detenerse a escuchar. Además, el médico le pediría que dejase de buscar la Casa. *Él,* en su ignorancia, creía que era una casa corriente.

Recordó de pronto que debía permanecer sereno, muy sereno. Sólo manteniéndose muy sereno era posible encontrar la Casa. De nada servía buscarla con prisas o impaciencia.

Si conseguía conservar la serenidad... ¡Pero hacía tanto calor! ¿Calor? Hacía *frío.* Sí, frío. No escalaba por un precipicio, sino por un iceberg, por la pared gélida y recortada de un iceberg.

Empezaba a flaquear. Abandonaría la búsqueda; era un esfuerzo inútil. ¡Pero allí había un sendero! Eso al menos era mejor que un iceberg. ¡Qué a gusto se estaba en aquel sendero verde, sombreado y fresco! Y aquellos árboles eran magníficos. Se parecían mucho a... ¿cómo se llamaban? No se acordaba, pero daba igual.

¡Y había también flores! ¡Flores doradas y azules! Era todo precioso, y misteriosamente familiar. Sí, claro, había estado allí antes. Entre los árboles se veía ya el resplandor de la Casa, en lo alto del promontorio. ¡Qué hermosa era! El sendero verde, los árboles y las flores no eran nada en comparación con la belleza suprema y placentera de la Casa.

Apretó el paso. ¡Y pensar que nunca había entrado en ella! ¡Qué tonto había sido! Al fin y al cabo, siempre había tenido la llave en el bolsillo.

Y naturalmente la belleza exterior de la Casa era insignificante al lado de la belleza interior, sobre todo ahora que el propietario había regresado del extranjero. Ascendió por la escalinata hacia la gran puerta.

Unas manos poderosas y crueles tiraron de él hacia atrás. Forcejearon con él, zarandeándolo en todas direcciones.

El médico lo sacudía, le bramaba al oído.

—Aguante, puede conseguirlo. No se abandone. No se abandone.

En sus ojos brillaba la fiereza de quien ha visto al enemigo. Segrave se preguntó quién era el enemigo. La monja del hábito negro rezaba. También eso le resultó extraño.

Él sólo quería que lo dejasen tranquilo. Sólo quería volver a la Casa. Pues la Casa se desvanecía por momentos.

Eso se debía sin duda a la extraordinaria fortaleza del médico. John era incapaz de resistirse al médico. Ojalá pudiese.

¡Pero, un momento! Existía una escapatoria: el modo en que los sueños se esfumaban al despertar. No había fuerza capaz de retenerlos; inevitablemente pasaban de largo. Si se escabullía entre sus manos, el médico nada podría hacer para impedírselo. ¡Sólo tenía que escabullirse!

Sí, ésa era la solución. Veía de nuevo las paredes blancas; oía la voz del médico cada vez más lejana y apenas notaba sus manos. Descubrió de pronto cómo se regodeaban los sueños cuando lo eludían a uno.

Se hallaba ya ante la puerta de la Casa. Nada perturbaba la absoluta quietud. Introdujo la llave en la cerradura y abrió.

Aguardó sólo un instante, para percibir en toda su dimensión la perfecta, la inefable, la satisfactoria plenitud de su júbilo.

Finalmente traspasó el umbral.

EPÍLOGO

«La casa de sus sueños» se publicó por primera vez en *Sovereign Magazine* en enero de 1926. El relato es una versión revisada de «The House of Beauty», que Agatha Christie escribió poco antes de la Primera Guerra Mundial e identificó en su autobiografía como «lo primero que escribí que permitía albergar ciertas esperanzas». Si bien el relato original era confuso y en exceso morboso, «La casa de sus sueños» presenta considerables afinidades con las amenazadoras historias de fantasmas de la época eduardiana, en particular las de E. F. Benson. Es mucho más claro y menos introspectivo que el relato original, corregido a fondo por Agatha Christie antes de su publicación: para desarrollar los dos personajes femeninos atenuó la espiritualidad de Allegra y perfiló mejor el papel de Maisie. Un tema semejante se explora en «The Call of Wings», otro relato de su primera etapa, recogido en *Poirot infringe la ley* (1933).

En 1938 Agatha Christie reflexionó sobre «The House of Beauty», recordando que «concebirlo había sido agradable y escribirlo en extremo tedioso», pero que la semilla estaba ya sembrada: «Me aficioné cada vez más a ese pasatiempo. Si un día estaba ociosa, sin mucho que hacer, pensaba un relato. Siempre tenían finales tristes y a veces elevados sentimientos morales.» Un importante estímulo en aquellos primeros años fue un vecino de Dartmoor, Eden Phillpotts, famoso novelista y amigo de la familia, que aconsejó a Christie –por entonces Agatha Miller– respecto a sus relatos y le recomendó la lectura de escritores cuyo estilo y vocabulario podían servirle de inspiración. Tiempo después, cuando su propia fama había eclipsado la de él, Agatha Christie reconoció que Phillpotts le había mostrado el tacto y la solidaridad necesarios para que un joven autor no pierda la confianza en sí mismo: «Me admira la comprensión con que me brindaba sólo aliento y se abstenía de criticarme.» Al morir Phillpotts en 1960, Agatha Christie escribió: «Por su bondad conmigo cuando yo era joven y empezaba a escribir, nunca le estaré suficientemente agradecida.»

LA ACTRIZ

El desaliñado individuo de la cuarta fila de la platea se inclinó en la butaca y contempló incrédulo el escenario, entornando furtivamente sus taimados ojos.

–¡Nancy Taylor! –masculló–. ¡Válgame Dios! ¡La pequeña Nancy Taylor!

Bajó la vista y miró el programa que tenía en la mano. Había un nombre impreso con letra algo mayor que la del resto del elenco.

–¡Olga Stormer! De manera que así te haces llamar ahora. Te crees una gran estrella, ¿eh, amiga mía? Y debes de embolsarte un buen dinero. Seguro que has olvidado que en otro tiempo tu nombre era Nancy Taylor. Me pregunto qué ocurriría si Jake Levitt te lo recordase.

Al concluir el primer acto, cayó el telón. Un caluroso aplauso resonó en la sala. Olga Stormer, la emotiva actriz que había alcanzado renombre en los últimos años, añadía un nuevo éxito a su palmarés con el personaje de Cora en *El ángel vengador*.

Jake Levitt no se sumó a la ovación, pero una sonrisa de complacencia ensanchó gradualmente su boca. ¡Dios, qué golpe de suerte! Y justo cuando estaba en las últimas. Probablemente ella intentaría engatusarlo, pero con *él* de nada le valdrían sus artimañas. Bien llevado, aquel asunto sería una mina de oro.

A la mañana siguiente se pusieron de manifiesto los primeros sondeos de Jake Levitt en su mina de oro. Rodeada por los lacados rojos y las colgaduras negras de su salón, Olga Stormer leía una carta abstraídamente una y otra vez. Su pálido rostro, de facciones sobremanera expresivas, se hallaba algo más rígido que de costumbre, y de vez en cuando sus ojos de color verde agrisado permanecían fijos por un momento en un punto situado más allá del papel, como si más que las palabras contemplasen la amenaza que se ocultaba tras ellas.

Con aquella extraordinaria voz suya, que podía vibrar de emoción o sonar tan nítida y precisa como el tecleo de una máquina de escribir, gritó:

–¡Señorita Jones!

De una habitación contigua salió al instante una pulcra joven con gafas, provista de un cuaderno de taquigrafía y un lápiz.

–Hágame el favor de telefonear al señor Danahan y decirle que venga inmediatamente.

Syd Danahan, el representante de Olga Stormer, entró en el salón con la aprensión propia de un hombre cuya vida se centra en afrontar y mantener a raya las extravagancias del temperamento artístico femenino. Su rutina cotidiana consistía en persuadir, apaciguar, intimidar, unas veces por separado, otras simultáneamente. Para su alivio, Olga parecía serena, y se limitó a colocar una nota en la mesa frente a él.

–Léela.

La carta estaba escrita en papel barato y con letra poco cuidada.

Estimada señora:

Anoche tuve el placer de ver su interpretación en *El ángel vengador*. Creo que tenemos una amiga común, la señorita Nancy Taylor, que antes vivía en Chicago. Pronto se publicará un artículo relacionado con ella. Si le interesa que hablemos del mismo, pasaré a visitarla cuando considere usted oportuno.

Reciba un respetuoso saludo de,

JAKE LEVITT.

Danahan quedó un tanto desconcertado.

—No acabo de entenderlo. ¿Quién es esa Nancy Taylor?

—Una muchacha que mejor estaría muerta, Danny —contestó Olga con una amargura y un hastío en la voz que delataban sus treinta y cuatro años de edad—. Una muchacha que estaba muerta hasta que este cuervo la ha traído de nuevo a la vida.

—¡Entonces...!

—Sí, Danny, soy yo. Yo y nadie más que yo.

—Esto implica, pues, un chantaje.

—Sin duda —dijo Olga, asintiendo con la cabeza—, y por un hombre que conoce ese arte a la perfección.

Danahan reflexionó sobre el asunto con expresión ceñuda. Olga, con la mejilla apoyada en una mano larga y fina, lo observó con ojos insondables.

—¿Por qué no mientes? Niégalo todo. ¿Cómo puede estar seguro de que no se confunde a causa de un parecido casual?

Olga movió la cabeza en un gesto de negación.

—Levitt vive de chantajear a las mujeres. Está seguro de sobra.

—¿Y avisar a la policía? —sugirió Danahan con escasa convicción.

La irónica sonrisa que asomó a los labios de Olga fue respuesta suficiente. Aunque Danahan no se daba cuenta, tras la aparente calma de la actriz bullía la impaciencia de un cerebro perspicaz que contempla a otro mucho más tardo avanzar trabajosamente por el camino que él ha recorrido antes en un abrir y cerrar de ojos.

—¿Y no crees... esto... que sería sensato... en fin, hablarle tú misma a sir Richard de tu pasado? —preguntó Danahan—. Eso le estropearía en parte los planes a este sujeto.

—Se lo conté todo a Richard en cuanto me propuso el matrimonio.

—¡Magnífico! —exclamó Danahan con admiración—. Muy inteligente por tu parte.

Olga sonrió.

—Mi querido Danny, no fue una cuestión de inteligencia. Tú no lo entenderías. En cualquier caso, si este Levitt cumple sus amenazas, estoy acabada, y de paso también se irá a pique la carrera parlamentaria de Richard. No, tal como yo lo veo, sólo hay dos soluciones.

—¿Cuáles?

—Pagar, y eso por supuesto nunca terminaría; o desaparecer, empezar de cero. —El hastío se reflejó de nuevo en su voz—. Y no es que me arrepienta de lo que hice. Era una chiquilla desamparada y muerta de hambre, Danny, que intentaba a toda costa mantenerme en el buen camino. Maté a un hombre de un tiro, un hombre brutal que merecía morir. Las circunstancias que me obligaron a ello fueron tales que ningún jurado del mundo me habría declarado culpable. Ahora lo sé, pero entonces era sólo una muchacha asustada... y huí.

Danahan movió la cabeza en un gesto de afirmación.

—¿No habrá, supongo, algo que podamos esgrimir contra él? —preguntó sin grandes esperanzas.

Olga negó con la cabeza.

—Lo dudo mucho. Es demasiado cobarde para involucrarse en delitos graves. —De pronto pareció sorprendida por sus propias palabras—. ¡Cobarde! Tal vez podríamos sacar provecho de eso.

—¿Y si sir Richard va a verlo y lo intimida? —sugirió Danahan.

—Richard es un instrumento demasiado delicado. No puede tratarse a esa clase de hombres con guante de seda.

—Bien, pues iré a verlo yo.

—Disculpa, Danny, pero no creo que poseas la sutileza necesaria. Aquí se requiere un término medio entre el guante de seda y los puños desnudos. Unos mitones, digamos.

O sea, una mujer. Sí, imagino que una mujer serviría. Una mujer que esté dotada de cierto refinamiento y a la vez conozca el lado ruin de la vida por haberlo padecido. Olga Stormer, sin ir más lejos. No hables; estoy ideando un plan. –Se inclinó y hundió la cara entre las manos. De repente volvió a erguirse–. ¿Cómo se llama esa chica que quiere ser mi suplente? Margaret Ryan, ¿no? La que tiene el pelo como el mío.

–Tiene un pelo bonito, sí –admitió Danahan sin mucho entusiasmo, contemplando el moño de color castaño dorado que coronaba la cabeza de Olga–. Es igual que el tuyo, como tú has dicho. Pero ésa es su única virtud. Pensaba deshacerme de ella la semana próxima.

–Si las cosas salen bien, tendrás que permitirle probablemente que sea mi suplente en el papel de Cora. –Olga acalló las protestas de Danahan con un gesto enérgico–. Danny, contéstame con sinceridad. ¿Crees que sé actuar? *Actuar* de verdad, quiero decir. ¿O soy sólo una mujer atractiva que anda luciendo trajes elegantes?

–¿Actuar? ¡Por Dios, Olga, no ha habido otra como tú desde Eleonora Duse!

–En ese caso, si Levitt es realmente tan cobarde como sospecho, el plan dará resultado. No, no voy a contártelo. Quiero que te pongas en contacto con esa muchacha, Margaret Ryan. Dile que estoy interesada en ella y deseo que cene aquí conmigo mañana por la noche. Aceptará en el acto.

–¡Eso sin duda!

–Necesito también un somnífero potente, algo que deje a una persona sin sentido un par de horas pero no se note al día siguiente.

Una amplia sonrisa se dibujó en los labios de Danahan.

–No puedo asegurar que nuestro amigo no tenga luego dolor de cabeza, pero no sufrirá ningún daño irreparable.

–¡Estupendo! Ahora márchate, Danny, y deja lo demás en mis manos. –Alzando la voz, llamó–: ¡Señorita Jones!

La joven de las gafas apareció con su habitual prontitud.

–Tome nota, por favor –dijo Olga.

Paseándose lentamente por el salón, dictó la correspondencia del día. Sin embargo escribió de su puño y letra una de las cartas.

En su sórdida habitación, Jake Levitt sonrió mientras abría el sobre esperado.

Estimado señor:

No recuerdo a la señorita de quien me habla, pero conozco a tanta gente que a veces, inevitablemente, la memoria me falla. Siempre estoy dispuesta a ayudar a cualquier otra actriz, y si desea visitarme, esta noche a las nueve me encontrará en casa.

Atentamente,

OLGA STORMER.

Levitt movió la cabeza en un gesto de ponderación. ¡Una nota inteligente! Aun sin admitir nada, expresaba su voluntad de negociar. La mina de oro iba por buen camino.

A las nueve en punto Levitt llegó al apartamento de la actriz y llamó al timbre. Nadie atendió, y se disponía a llamar de nuevo cuando advirtió que la puerta no estaba cerrada con llave. La empujó y pasó al vestíbulo. A su derecha vio una puerta abierta que daba a una habitación vivamente iluminada. En su interior predominaban los colores negro y rojo escarlata. Levitt entró. En la mesa, bajo la lámpara, había una hoja de papel donde se leía:

Por favor, espere hasta que vuelva. O. Stormer.

Levitt tomó asiento y aguardó. A su pesar, una sensación de desasosiego se adueñó de él. No se oía siquiera el vuelo de una mosca. Por alguna razón, aquel silencio resultaba sobrecogedor.

Nada anormal ocurría, claro que no. ¿Qué iba a ocurrir?

Pero el silencio era sepulcral; y sin embargo, pese a aquel silencio, tenía la absurda e incómoda sensación de que no se hallaba solo. ¡Tonterías! Se enjugó el sudor de la frente. Y la impresión se tornó aún más palpable. ¡No estaba solo! Mascullando un juramento, se levantó de un salto y empezó a caminar de un lado a otro. Aquella mujer regresaría enseguida y entonces...

Se detuvo en seco y ahogó un grito. Bajo las colgaduras negras de terciopelo que vestían las ventanas asomaba una mano. Se agachó y la tocó. Estaba fría, muy fría. Era la mano de un cadáver.

Apartó de inmediato la cortina y un alarido escapó de su garganta. Detrás yacía una mujer boca abajo, con un brazo extendido y el otro doblado bajo el cuerpo. El cabello de color castaño dorado le caía en alborotados mechones alrededor del cuello.

¡Olga Stormer! Con dedos temblorosos, Levitt palpó la gélida piel de su muñeca buscando el pulso. Como esperaba, no percibió los latidos. Estaba muerta. Había escapado de él, pues, por el camino más fácil.

De pronto atrajeron su atención los extremos de un cordón rojo terminado en grotescas borlas y parcialmente ocultos bajo el pelo. Los tocó con cuidado. La cabeza se ladeó, y Levitt entrevió con horror un rostro lívido. Lanzó un grito y retrocedió al instante. Se sentía mareado. Allí había algo que no alcanzaba a comprender. La breve visión de aquel rostro, pese a estar desfigurado, no dejaba lugar a dudas. No era un suicidio sino un asesinato. Aquella mujer había sido estrangulada y... no era Olga Stormer.

¿Y qué había oído? Un sonido a sus espaldas. Se volvió de inmediato y su mirada se posó en los ojos aterrorizados de una criada acurrucada contra la pared. Tenía el rostro tan blanco como la cofia y el mandil que llevaba puestos. Sin embargo Levitt no comprendió el fascinado horror que afloraba a sus ojos hasta que sus palabras, apenas un susurro, le revelaron el peligro en que se hallaba.

—¡Dios mío! ¡La ha matado!

Aun entonces se resistió a admitir plenamente la gravedad de la situación.

–No, no –replicó–. Ya estaba muerta cuando la he encontrado.

–¡La ha matado usted! ¡Lo he visto! La ha estrangulado con ese cordón. Acabo de oír un grito ahogado.

Levitt tenía ahora la frente empapada en sudor. Mentalmente, repasó sus acciones de los minutos previos. La criada debía de haber entrado en el preciso instante en que él sostenía entre los dedos los extremos del cordón. Había visto ladearse la cabeza y oído su grito, el grito de él, pensando que procedía de la víctima.

Levitt observó a la criada con expresión de impotencia. Lo que vio en su rostro no dejaba lugar a dudas: era miedo y estupidez. Contaría a la policía que había presenciado el crimen, y ningún abogado defensor lograría hacerla vacilar, de eso estaba seguro. Juraría por su vida con inquebrantable convicción que decía la verdad.

¡Qué espantosa e imprevista concatenación de circunstancias! Un momento. ¿Era realmente imprevista?

–Ésa no es tu señora, ¿sabes? –dijo sin pensar, mirándola con atención.

La mecánica respuesta de la criada arrojó luz sobre el asunto.

–No, es una actriz amiga suya. Si es que puede considerárselas amigas, porque andaban siempre como el perro y el gato. Esta misma noche han tenido una de sus trifulcas.

Levitt lo vio todo claro al instante: le habían tendido una trampa.

–¿Dónde está tu señora? –preguntó.

–Se ha marchado hace diez minutos.

Una trampa. Y él había caído como un necio. Esa Olga Stormer era astuta como un demonio. Se había deshecho de una rival, y él pagaría por el crimen. ¡Un asesinato! ¡Santo cielo, por asesinato lo enviaban a uno a la horca! Y él era inocente. ¡Inocente!

Un furtivo susurro de tela lo arrancó de sus cavilaciones.

La criada se deslizaba con sigilo hacia la puerta. Empezaba a salir de su estupor. Lanzó una mirada indecisa al teléfono y se volvió de nuevo hacia la puerta.

Levitt debía impedirle hablar como fuese. Era la única solución. Tanto daba ser colgado por un crimen real como por uno inexistente. La criada no tenía arma alguna, y él tampoco. Pero él contaba con sus manos. De pronto el corazón le dio un vuelco. En la mesa, junto a ella, casi bajo su mano, había un pequeño revólver adornado con piedras preciosas. Si conseguía cogerlo antes que ella...

El instinto o la mirada de Levitt pusieron sobre aviso a la criada, que agarró el revólver cuando él se abalanzaba ya hacia ella y lo apuntó contra su pecho. Pese a la torpeza con que lo sujetaba, tenía el dedo en el gatillo, y a tan corta distancia difícilmente erraría el tiro. Levitt se detuvo en el acto. Un revólver que pertenecía a una mujer como Olga Stormer sin duda estaba cargado.

Pero al menos ahora la criada no se interponía ya entre él y la puerta. Sólo si la atacaba, reuniría valor para disparar. En cualquier caso, Levitt no tenía más remedio que arriesgarse. Zigzagueando, corrió hasta la puerta, atravesó el vestíbulo y abandonó el apartamento. Cerró de un portazo. Desde el interior llegó la voz débil y trémula de la criada:

—¡Policía! ¡Un asesinato!

Tendría que gritar más alto para que alguien la oyese. De todos modos, no había tiempo que perder. Levitt descendió rápidamente por la escalera y salió a la calle. En la acera aflojó el paso y, caminando como cualquier transeúnte, dobló la esquina. Ya había concebido un plan. Se trasladaría cuanto antes a Gravesend. Esa misma noche zarpaba de allí un barco con rumbo a un remoto rincón del mundo. Levitt conocía al capitán, un hombre que a cambio de una pequeña suma no haría preguntas indiscretas. Una vez a bordo y en mar abierto, estaría a salvo.

A las once de la noche sonó el teléfono en casa de Danahan. Era Olga.

–Prepara un contrato para la señorita Ryan, ¿de acuerdo? Será mi suplente en el papel de Cora. No admito discusión. Después de lo que le he hecho esta noche estoy en deuda con ella. ¿Cómo? Sí, creo que he salido del apuro. Por cierto, si mañana te cuenta que soy una fervorosa espiritista y la he puesto en trance, no reacciones con excesiva incredulidad. ¿Que cómo ha sido? Con unas gotas de somnífero en el café, seguidas de unos expertos pases. Luego le he pintado la cara con maquillaje morado y le he aplicado un torniquete en el brazo izquierdo. ¿Perplejo? Pues deberás seguir en tu perplejidad hasta mañana. Ahora no tengo tiempo de explicártelo. He de quitarme el mandil y la cofia antes de que mi leal Maud vuelva del cine. Esta noche ponían un «melodrama precioso», me ha dicho. Pero seguro que no era nada comparado con el melodrama que se ha perdido. Hoy he representado el mejor papel de mi vida, Danny. Han vencido los mitones. Jake Levitt es en efecto un cobarde, y sí, Danny..., ¡soy una actriz!

EPÍLOGO

«La actriz» fue publicado por primera vez en *Novel Magazine* en mayo de 1923 como «A Trap for de Unwary», título con el que volvió a publicarse en el folleto editado en 1990 con motivo del centenario del nacimiento de Agatha Christie.

Este relato ilustra la gran habilidad de Agatha Christie para tomar determinado elemento argumental y presentarlo de nuevo en otra obra, quizá de la misma forma aunque desde una perspectiva distinta o con variaciones sutiles pero significativas para que el lector no lo identifique. La simple argucia de «La actriz» aparece en varias historias más, de manera particularmente notable en el intrigante relato «The Affair at the Bungalow», incluido en *Miss Marple y trece problemas* (1932), y en la novela *Maldad bajo el sol* (1941), protagonizada por Poirot.

El relato nos recuerda asimismo que Agatha Christie ha sido una de las autoras teatrales de mayor éxito en Gran Bretaña, pese a que su primera pieza –descrita por ella misma como «una obra deprimente que, si la memoria no me engaña, trataba sobre el incesto»– nunca llegó a representarse. Ella sentía especial predilección por *Testigo de cargo* (1953), pero su obra más conocida es sin duda *La ratonera* (1952), que cincuenta años después de su estreno sigue en la cartelera

43

londinense. Si bien la trama de *La ratonera* se centra en la capacidad de un asesino para engañar a sus posibles víctimas, como obra de teatro se sustenta en la perspicacia de la autora para prever las reacciones de los espectadores ante lo que ven y oyen, y en su extraordinaria destreza para manipular sus interpretaciones de lo que ocurre. Al estrenarse *La ratonera* en Londres, el crítico del *Times* comentó que «la pieza cumple de manera admirable los requisitos específicos del teatro» y, como bien saben quienes han estado vinculados a la obra o la han estudiado detenidamente, ése *es* uno de los secretos de su éxito, o mejor dicho del éxito de por qué tan pocos espectadores son capaces de adivinar su asombroso desenlace.

EL ACANTILADO

Clare Halliwell recorrió el corto camino desde la puerta de su casa hasta la verja. De su brazo colgaba una cesta, y la cesta contenía una botella de caldo, gelatina casera y unos racimos de uva. En la aldea de Daymer's End no había muchos pobres, pero los pocos que había recibían asidua atención, y Clare era una de las voluntarias más diligentes de la parroquia.

Clare Halliwell contaba treinta y dos años. Tenía un porte erguido, un color saludable y unos bonitos ojos castaños. No era hermosa, pero ofrecía un aspecto lozano, agradable y muy inglés. Todos la apreciaban y decían que era buena persona. Desde la muerte de su madre, hacía dos años, vivía sola en la casa con su perro, *Rover*. Criaba pollos y le gustaban los animales y la vida al aire libre.

Mientras descorría el pestillo de la verja, pasó un coche biplaza, y la conductora, una muchacha con un sombrero rojo, la saludó con la mano. Clare devolvió el saludo, pero apretó los labios por un momento. Notó esa punzada en el corazón que siempre sentía al ver a Vivien Lee. ¡La esposa de Gerald!

La villa Medenham, que se hallaba a poco más de un kilómetro de la aldea, pertenecía a la familia Lee desde hacía muchas generaciones. Sir Gerald Lee, el actual propietario de la villa, aparentaba mayor edad de la que tenía y, según muchos, se mostraba altivo en el trato con los demás. En realidad, su actitud pomposa ocultaba una considerable timidez. Él y Clare habían jugado juntos de niños. Más tarde fueron amigos, y muchos –incluida, debe decirse, la propia Clare– confiaban en que de esa relación surgiese un lazo más serio y estrecho. No había prisa, desde luego, pero algún día... Así se lo planteaba Clare en sus adentros: algún día.

Y de pronto, hacía apenas un año, la aldea recibió con asombro la noticia de que sir Gerald se casaba con una tal señorita Harper, una desconocida.

La nueva lady Lee no se granjeó la simpatía de sus convecinos. Los asuntos de la parroquia le traían sin cuidado; la caza la aburría; y el campo y los deportes al aire libre le causaban aversión. Los resabidos del lugar movían la cabeza en un gesto de pesimismo y se preguntaban cómo acabaría aquel matrimonio. No costaba adivinar por qué se había encaprichado de ella sir Gerald. Vivien era una belleza, menuda, delicada, grácil, de cabello rojo dorado que se rizaba encantadoramente en torno a sus preciosas orejas y grandes ojos de color violáceo capaces de lanzar insinuantes miradas de soslayo con absoluta naturalidad. En todos los sentidos ella y Clare eran, pues, polos opuestos.

Gerald Lee, con su masculina simplicidad, mostraba un vivo interés en que su esposa y Clare llegasen a ser excelentes amigas. Invitaba a Clare a cenar en la villa con frecuencia, y Vivien fingía una afectuosa familiaridad siempre que se veían. De ahí su alegre saludo de esa mañana.

Clare fue a cumplir su caritativa misión. El párroco se encontraba también de visita en la casa de la anciana en cuestión, y al salir caminaron juntos un trecho. Antes de seguir cada uno por su lado, se detuvieron un momento a hablar de asuntos parroquiales.

–Jones ha vuelto a las andadas –anunció el párroco–. Y esta vez, al ver que abandonaba la bebida por iniciativa propia, yo tenía la firme esperanza de que lo consiguiese.

–Vergonzoso –afirmó Clare categóricamente.

–Eso nos parece a nosotros –dijo el señor Wilmot–, pero debemos recordar que es difícil ponerse en su lugar y comprender su tentación. Para nosotros, el deseo de emborracharse resulta inexplicable; sin embargo, a todos nos asaltan tentaciones de una u otra clase, y eso debe servirnos para entender mejor las suyas.

–Supongo que así es –repuso Clare con escasa convicción.

El párroco la observó.

–Algunos tienen la fortuna de verse tentados escasas veces –dijo con delicadeza–. Pero incluso a ésos les llega el momento. Manténte alerta y reza para no caer en la tentación. No lo olvides.

A continuación se despidió y se alejó con paso enérgico. Clare siguió andando, absorta en sus pensamientos, y al cabo de unos minutos casi tropezó con sir Gerald Lee.

–Hola, Clare. Confiaba en encontrarte por aquí. Estás radiante. ¡Y qué buen color!

Ese color acababa de aparecer en sus mejillas.

–Como te decía, esperaba encontrarte –continuó Lee–. Vivien ha de marcharse a Bournemouth este fin de semana. Su madre está enferma. ¿Podrías venir a cenar el martes en lugar de esta noche?

–¡Ah, sí! Lo mismo me da hoy que el martes.

–Todo arreglado, pues. Estupendo. Y ahora te dejo; tengo un poco de prisa.

Clare fue a casa y halló a su única y fiel criada aguardándola ante la puerta.

–Menos mal que ha llegado, señorita. No sabe qué lío se ha organizado. Han traído a *Rover* a casa. Esta mañana se ha marchado él solo y lo ha atropellado un coche.

Clare corrió junto al perro. Adoraba a los animales y sentía especial cariño por *Rover*. Le examinó las patas una por una y luego le palpó el resto del cuerpo. *Rover* gimió un par de veces y le lamió la mano.

–Si tiene alguna herida grave, es interna –dictaminó por fin–. No parece que haya huesos rotos.

—¿Lo llevamos al veterinario, señorita?

Clare negó con la cabeza. No confiaba demasiado en el veterinario de la aldea.

—Esperaremos hasta mañana. No da la impresión de que le duela mucho, y las encías tienen buen color, así que la hemorragia interna, si la hay, no puede ser muy abundante. Mañana, si no me gusta su aspecto, lo llevaré a Skippington en el coche para que Reeves le eche un vistazo. Es el mejor veterinario de los alrededores con diferencia.

Al día siguiente Clare notó a *Rover* más débil y llevó a cabo su plan como había previsto. Skippington estaba a unos sesenta kilómetros, un largo camino, pero Reeves, el veterinario de esa aldea, gozaba de gran reputación en muchos kilómetros a la redonda.

Diagnosticó ciertas lesiones internas, pero confiaba en una total recuperación, y Clare se marchó de la consulta contenta de dejar a *Rover* en sus manos.

En Skippington había sólo un hotel aceptable, el County Arms. Lo frecuentaban principalmente viajantes de comercio, pues no había buena caza en las inmediaciones de Skippington ni pasaba cerca ninguna carretera importante.

No servían el almuerzo hasta la una, y como faltaban aún unos minutos, Clare se entretuvo hojeando las entradas del libro de registro.

De pronto ahogó una exclamación. Conocía aquella letra, con sus bucles, volutas y florituras. Siempre la había considerado inconfundible. Habría jurado que era la suya, pero no podía ser. Vivien Lee estaba en Bournemouth. El propio nombre inscrito en el registro demostraba que era imposible: «Señor Cyril Brown y señora. Londres.»

Pero contra su voluntad la mirada se le iba una y otra vez hacia aquella adornada caligrafía. Finalmente, movida por un impulso que era incapaz de definir, preguntó a la conserje:

—¿La señora de Cyril Brown? Me gustaría saber si es la misma que yo conozco.

–¿Es una mujer menuda? ¿Pelirroja? Muy guapa. Llegó en un biplaza rojo. Un Peugeot, creo.

¡Así que era ella! Habría sido ya demasiada coincidencia. Como en un sueño, Clare siguió oyendo la voz de la conserje.

–Se alojaron aquí durante un fin de semana hace poco más de un mes y les gustó tanto el sitio que han vuelto. Recién casados, imagino.

–Gracias –se oyó contestar Clare–. No creo que sea mi amiga.

Su voz sonaba distinta, como si fuese de otra persona.

Ya sentada a la mesa, mientras comía *roastbeef* frío en silencio, su mente era un laberinto de emociones y pensamientos contradictorios.

Sin embargo no albergaba la menor duda. Su primera impresión de Vivien había resultado acertada. Vivien era de ésas. Sintió una vaga curiosidad por saber quién era el hombre. ¿Alguien que Vivien conocía de sus tiempos de soltera, quizá? Probablemente. Pero eso no importaba. Nada importaba salvo Gerald.

¿Qué haría Clare respecto a Gerald? Tenía derecho a enterarse, todo el derecho del mundo. Estaba claro que su obligación era contárselo. Había descubierto el secreto de Vivien por casualidad, pero debía poner al corriente a Gerald de inmediato. Ella era amiga de Gerald, no de Vivien.

No obstante, algo la incomodaba. No tenía la conciencia tranquila. En apariencia su razonamiento era intachable, pero el deber y la predisposición corrían sospechosamente parejos. Admitió que Vivien le inspiraba antipatía. Por otra parte, si Gerald Lee se divorciaba de su esposa –y Clare no dudaba que ésa sería exactamente su reacción, pues era un hombre cuya concepción del honor rayaba en el fanatismo–, tendría vía libre para acudir a ella. Visto así, la asaltaban los escrúpulos, minando su determinación. Su propósito le resultaba injustificado y repugnante.

El elemento personal pesaba demasiado. No podía estar segura de sus propios motivos. En esencia, Clare era una mujer desinteresada e íntegra. Hizo el sincero esfuerzo de comprender cuál era su obligación. Deseaba, como en todos sus actos, obrar correctamente. Pero en ese caso, ¿qué era lo correcto y qué lo impropio?

Por azar había llegado a su poder una información que afectaba de manera vital al hombre que amaba y a la mujer por la que sentía aversión y, para ser francos, también celos. Podía arruinar la vida de esa mujer. Pero ¿estaba autorizada a hacerlo?

Clare siempre se había mantenido al margen de las murmuraciones y chismorreos que son parte inevitable de la vida en una aldea. Le desagradaba la sensación de verse de pronto como uno de aquellos seres retorcidos que siempre había dicho detestar.

De repente volvieron a su memoria las palabras pronunciadas por el párroco la mañana anterior: «Pero incluso a ésos les llega el momento.»

¿Le había llegado a *ella* el momento? ¿Era ésa *su* tentación? ¿Se había presentado insidiosamente disfrazada de obligación? Ella era Clare Halliwell, una buena cristiana, y amaba a todos los hombres... y mujeres. Si decidía contárselo a Gerald, debía cerciorarse antes de que ningún motivo personal la inducía a ello. De momento callaría.

Pagó la cuenta y se marchó, invadida por una indescriptible paz de espíritu. En realidad, hacía tiempo que no se sentía tan feliz. Le complacía haber tenido la fortaleza de resistirse a la tentación, de no actuar de manera mezquina o indigna. Por un segundo se preguntó si aquel súbito optimismo se debía a cierta sensación de poder, pero la idea le pareció absurda y la descartó de inmediato.

El martes por la noche Clare se mantenía firme en su decisión. No sería ella quien desvelase el hecho. Debía guardar silencio. Su secreto amor por Gerald le impedía hablar. ¿Era acaso una actitud demasiado altruista? Tal vez; pero para ella no había alternativa.

Llegó a la villa en su pequeño automóvil. Como la noche era lluviosa, el chófer de sir Gerald esperaba ante la puerta principal para guardar el coche en el garaje en cuanto ella se apease. Acababa de arrancar cuando Clare recordó que había dejado dentro unos libros que se había llevado prestados en una visita anterior y deseaba devolver. Llamó al chófer, pero no la oyó. El mayordomo corrió tras él.

De modo que durante un par de minutos Clare se quedó sola en el vestíbulo, junto a la puerta del salón, que el mayordomo había dejado entornada cuando se disponía a anunciar su llegada. No obstante, quienes se hallaban en el interior ignoraban su presencia, y de ahí que Vivien comentase con voz aguda y estridente –una voz que en nada se parecía a la de una dama–, claramente audible desde el vestíbulo:

–Sólo falta Clare Halliwell. Ya la conocen, probablemente; vive en la aldea. Es, se supone, una de las bellezas del lugar, pero en realidad no tiene ningún encanto. Intentó por todos los medios atrapar a Gerald, pero él no mordió el anzuelo. –En contestación a un murmullo de protesta de su marido, añadió–: Es la verdad, cariño. Puede que tú no te dieses cuenta, pero hizo todo lo posible. ¡La pobre Clare! Es buena persona, pero tan poco agraciada...

Clare palideció, apretando los puños a los costados con una ira que nunca antes había sentido. En ese momento habría sido capaz de matar a Vivien Lee. Sólo gracias a un supremo esfuerzo físico logró recobrar la serenidad. Gracias a eso, y a la idea medio formada de que tenía en sus manos el poder de castigar a Vivien por sus crueles palabras.

El mayordomo regresó con los libros, abrió la puerta y la anunció. Un instante después Clare saludaba a los presentes con su habitual amabilidad.

Viven, ataviada con un exquisito vestido de color vino oscuro que realzaba su blanca fragilidad, se mostró con ella más efusiva que de costumbre, casi empalagosa. Se quejó de que la veían poco por allí. Ella, Vivien, iba a aprender a jugar al golf, y quería que Clare la acompañase al campo.

Gerald estuvo muy atento y cordial. Pese a que no recelaba que Clare hubiese oído el comentario de su esposa, tenía la vaga necesidad de compensarla. Profesaba a Clare un gran afecto y lamentaba que su esposa dijese cosas como aquélla. A él y a Clare los unía una buena amistad, nada más que eso, y si albergaba la menor sospecha de que hubiese en la afirmación de Vivien algo de verdad, la apartó de su mente.

En la sobremesa salió a colación el tema de los perros, y Clare contó el accidente de *Rover*. Intencionadamente esperó a que se produjese una pausa en la conversación para decir:

—Así que el sábado lo llevé a Skippington.

Oyó el súbito tintineo de la taza de café de Vivien contra el plato, pero prefirió no dirigir la vista hacia ella... todavía.

—¿Para ver a ese hombre, Reeves?

—Sí. *Rover* se pondrá bien, creo. Luego almorcé en el County Arms. Un sitio bastante agradable. —Eligió ese momento para volverse hacia Vivien—. ¿Te has alojado alguna vez allí?

Si le quedaba aún alguna duda, se disipó en el acto. Vivien se apresuró a contestar con voz vacilante:

—¿Yo? Ah, n-no, no.

El miedo se reflejó en sus ojos, dilatándolos y oscureciéndolos. Los ojos de Clare, en cambio, nada delataban. Su mirada era serena, escrutadora. Nadie habría imaginado el intenso placer que ocultaba. En ese instante Clare casi perdonó a Vivien las palabras que le había oído pronunciar poco antes. Al saborear aquel poder en toda su plenitud casi le dio vueltas la cabeza. Tenía a Vivien Lee en un puño.

Al día siguiente Clare recibió una nota de la otra mujer. ¿Le apetecería tomar el té con ella tranquilamente esa tarde? Clare rehusó la invitación.

Vivien decidió entonces visitarla. Se presentó en dos ocasiones, a horas en que era muy probable encontrarla en casa. La primera vez Clare había salido realmente; la segunda, se escabulló por la puerta trasera al ver aproximarse a Vivien por el camino.

Aún no tiene la certeza de si lo sé o no, se dijo Clare.

Quiere averiguarlo sin comprometerse. Pero no le daré esa satisfacción hasta que esté preparada.

Clare no sabía exactamente a qué esperaba. Había optado por guardar silencio; era lo más decente y honroso. Se sentía aún más virtuosa cuando recordaba la gran provocación de que había sido objeto. Tras escuchar el modo en que Vivien hablaba de ella a sus espaldas, una mujer de carácter más débil, pensaba, habría renunciado a sus buenos propósitos.

El domingo asistió dos veces a misa. Primero a la eucaristía del alba, de la que salió fortalecida y espiritualmente reconfortada. Ningún sentimiento personal influiría en sus decisiones, nada superficial o mezquino. Acudió de nuevo a la iglesia para el oficio de la mañana. En el sermón, el señor Wilmot habló de la conocida plegaria del fariseo. Contó a grandes rasgos la vida de aquel hombre, un buen hombre, fervoroso creyente. Y describió después cómo se adueñó de él gradualmente la lacra del orgullo espiritual, hasta deformar y ensuciar su alma.

Clare no prestó mucha atención. Vivien se hallaba en el banco enorme y macizo de la familia Lee, y Clare intuyó que pretendía abordarla en cuanto acabase la misa.

Y así ocurrió. Vivien se acercó a Clare y la acompañó hasta su casa. Una vez allí le pidió que la dejase entrar. Clare accedió, naturalmente. Se acomodaron en la pequeña sala de estar, adornada con flores y anticuadas tapicerías de chintz. Vivien empezó a hablar con frases inconexas y entrecortadas.

—El fin de semana pasado estuve en Bournemouth, ¿sabías? —comentó al cabo de un rato.

—Eso me dijo Gerald —contestó Clare.

Se miraron. Ese día Vivien parecía casi una mujer corriente. Su rostro ofrecía un aspecto anguloso y amarillento que lo privaba de buena parte de su encanto.

—Cuando estuviste en Skippington... —prosiguió Vivien.

—¿Cuando estuve en Skippington? —repitió Clare cordialmente.

—Mencionaste un hotelito que hay en el pueblo.

—El County Arms, sí. No lo conocías, dijiste.

–He... he estado allí una vez.

–¡Ah!

Clare no tenía más que esperar tranquilamente. Vivien era incapaz de soportar cualquier clase de tensión. De hecho empezaba ya a perder el control. De pronto se inclinó y prorrumpió en un vehemente parloteo.

–No te caigo bien. Nunca te he caído bien. Me odias desde el principio. Y ahora estás divirtiéndote a mi costa, jugando conmigo al gato y el ratón. Eres cruel, muy cruel. Por eso te temo; porque en el fondo eres cruel.

–¡Esto es el colmo, Vivien! –exclamó Clare con tono cortante.

–Te has enterado, ¿verdad? Sí, ya veo que te has enterado. Lo sabías ya la otra noche, cuando hablaste de Skippington. De alguna manera lo has averiguado. Bien, pues quiero saber qué piensas hacer al respecto. ¿Qué piensas hacer?

Clare permaneció en silencio, y Vivien se levantó de un salto.

–¿Qué piensas hacer? Tengo que saberlo. ¿No irás a negar que estás enterada de todo?

–No pretendo negar nada –contestó Clare con frialdad.

–¿Me viste allí aquel día?

–No. Vi tu letra en el registro: «Señor Cyril Brown y señora.»

Una llamarada cubrió el rostro de Vivien.

–Después he hecho algunas averiguaciones –continuó Clare con calma–. Me consta que no pasaste el fin de semana en Bournemouth. Tu madre no te pidió que fueses. Y unas seis semanas atrás ocurrió exactamente lo mismo.

Vivien se desplomó en el sofá y rompió a llorar a lágrima viva. Era el llanto de una niña asustada.

–¿Qué piensas hacer? –preguntó entre sollozos–. ¿Vas a decírselo a Gerald?

–Aún no lo sé –respondió Clare. Se sentía serena, omnipotente.

Vivien se incorporó, apartándose los rojos rizos de la frente.

–¿Quieres que te lo cuente todo?

–Nada pierdo con escuchar, supongo.

Vivien desembuchó la historia completa, sin la menor reticencia. Cyril «Brown» era en realidad Cyril Haviland, un joven ingeniero con quien había estado prometida en otro tiempo. Cayó enfermo y perdió el trabajo, tras lo cual, sin el menor reparo, dejó plantada a Vivien para casarse con una rica viuda mucho mayor que él. Poco después Vivien contrajo matrimonio con Gerald Lee.

Volvió a encontrarse con Cyril por casualidad. A ese primer encuentro siguieron frecuentes citas. Cyril, respaldado por la fortuna de su esposa, prosperaba en su profesión y empezaba a ser conocido. Era una historia sórdida, una historia de citas clandestinas y continuas mentiras y maquinaciones.

–Le quiero tanto –gimoteaba Vivien sin cesar, y Clare sentía náuseas cada vez que oía esas palabras.

Por fin el balbuceo terminó, y Vivien masculló un avergonzado:

–¿Y bien?

–¿Qué pienso hacer? –dijo Clare–. No puedo responderte. Necesito tiempo para reflexionar.

–¿No me delatarás a Gerald?

–Quizá sea mi deber.

–No, no. –La voz de Vivien se convirtió en un histérico chillido–. Se divorciará de mí. No se atendrá a razones. Preguntará en el hotel, y Cyril también se verá involucrado. Entonces su esposa se divorciará de él. Eso arruinaría su carrera, su salud... su vida entera; se quedaría otra vez en la miseria. Nunca me lo perdonaría. Nunca.

–Disculpa –dijo Clare–, pero ese Cyril no me merece muy buena opinión.

Vivien no la escuchaba.

–Te lo aseguro: me odiará. Me odiará. No podría soportarlo. No se lo cuentes a Gerald. Haré lo que me pidas, pero no se lo cuentes a Gerald.

–Necesito tiempo para tomar una decisión –repuso Clare

con severidad–. No puedo prometerte nada sin antes pensarlo. Entretanto tú y Cyril no debéis volver a veros.

–No, no nos veremos más. Te lo juro.

–Cuando sepa qué es lo más correcto, te lo comunicaré.

Clare se puso en pie. Vivien salió de la casa abochornada, con andar furtivo, echando un vistazo atrás por encima del hombro.

Clare arrugó la nariz asqueada. Un asunto repugnante. ¿Cumpliría Vivien su promesa de no ver más a Cyril? Probablemente no. Era débil, resabiada sin remedio.

Aquella tarde Clare salió a dar un largo paseo. Había un camino que discurría por las colinas ribereñas. Serpenteaba cuesta arriba, y a su izquierda las verdes laderas descendían en ligera pendiente hacia el acantilado. Los lugareños lo conocían como la Vera. Aunque era seguro si uno se mantenía en el camino, apartarse de él podía resultar peligroso, pues aquel suave declive, pese a su inofensiva apariencia, era muy traicionero. Clare había perdido allí un perro en una ocasión. El animal, correteando por la hierba uniforme, cobró velocidad, y al llegar al borde del acantilado, fue incapaz de detenerse y se despeñó, estrellándose contra las afiladas rocas de la orilla.

Era una tarde clara y hermosa. De abajo llegaba el ruido de las olas, un relajante murmullo. Clare se sentó entre la corta hierba y contempló el mar azul. Debía afrontar aquella situación sin rodeos. ¿Qué se proponía hacer?

Pensó en Vivien con cierta aversión. ¡Cómo se había desmoronado! ¡Qué vilmente se había rendido! Clare sintió un creciente desprecio por ella. No tenía redaños; era una cobarde.

No obstante, pese a la antipatía que Vivien le inspiraba, Clare resolvió ser indulgente con ella por el momento. Cuando volvió a casa, le escribió una nota, anunciándole que si bien no podía prometerle nada a largo plazo, había decidido guardar silencio por el presente.

La vida continuó poco más o menos como siempre en Daymer's End. La gente notó muy desmejorada a lady Lee.

Clare Halliwell, en cambio, nunca había tenido mejor aspecto. Le brillaban más los ojos; llevaba la cabeza más alta, y se advertía mayor aplomo en su actitud. Ella y lady Lee se reunían con frecuencia, y se observó que en tales ocasiones la mujer de menor edad escuchaba con aduladora atención hasta la última palabra de la otra.

A veces la señorita Halliwell dejaba escapar comentarios un tanto ambiguos, no del todo pertinentes a la conversación. Decía de pronto, por ejemplo, que últimamente había cambiado de opinión respecto a muchas cosas, que resultaba curioso cómo un detalle insignificante podía inducirla a una a modificar por completo sus puntos de vista, y que a menudo una tendía a dejarse influir demasiado por la compasión, lo cual era un error.

Cuando hacía observaciones de esa clase, solía mirar a lady Lee de un modo peculiar, y ésta de repente palidecía y parecía casi aterrorizada.

Pero a medida que avanzó el año esas sutilezas se tornaron menos manifiestas. Clare continuó con los mismos comentarios, pero aparentemente a lady Lee no la afectaban ya tanto. Empezaba a recobrar el buen aspecto y el ánimo. Volvió su alegría de antes.

Una mañana, cuando paseaba al perro, Clare se cruzó con Gerald en la calle. El spaniel de éste confraternizó con *Rover* mientras su dueño charlaba con Clare.

–¿Conoces ya la noticia? –preguntó Gerald ilusionado–. Supongo que Vivien te lo ha dicho.

–¿Qué noticia? Vivien no me ha mencionado nada fuera de lo normal.

–Nos vamos al extranjero... por un año, o quizá más. Vivien está harta de esto. Nunca le ha gustado demasiado, ya sabes. –Suspiró. Por un momento pareció abandonarlo su anterior optimismo. Gerald Lee estaba muy orgulloso de su casa–. El caso es que le he prometido un cambio. He alquilado una villa en Algiers. Un sitio precioso, según dicen.

–Dejó escapar una tímida risa–. Como una segunda luna de miel, ¿no?

Por un instante Clare fue incapaz de hablar. Era como si algo se hubiese atascado en su garganta y le impidiese respirar. Vio las paredes blancas de la villa, los naranjos; olió la brisa suave y perfumada del sur. ¡Una segunda luna de miel!

Escapaban. Sus amenazas no surtían ya el menor efecto en Vivien. Se iba, despreocupada, ufana, feliz.

Clare oyó su propia voz, algo más ronca, mientras expresaba los pertinentes parabienes: ¡Estupendo! ¡Qué envidia!

Por suerte *Rover* y el spaniel decidieron desavenirse en ese preciso momento, y en la subsiguiente refriega fue imposible continuar con la conversación.

Esa tarde Clare se sentó a escribir una nota dirigida a Vivien. Le pidió que se reuniese con ella al día siguiente en la Vera, ya que tenía algo importante que comunicarle.

El día siguiente amaneció claro y despejado. Clare subía exultante por el empinado camino. Hacía un día magnífico. Se congratulaba de haber decidido decir lo que debía decir al aire libre, bajo el cielo azul, en lugar de encerrada entre las cuatro paredes de su pequeña sala de estar. Lo sentía por Vivien, lo sentía mucho, pero no quedaba otro remedio.

Vio un punto amarillo a lo lejos, más arriba, como una flor al lado del camino. Conforme se acercaba, el punto se tornó más nítido, hasta dibujarse claramente la figura de Vivien sentada en la hierba, con un vestido amarillo de punto y las manos cruzadas en torno a las rodillas.

–Buenos días –saludó Clare–. ¿No hace un día precioso?

–¿Ah, sí? –dijo Vivien–. No me había dado cuenta. ¿Qué querías decirme?

Clare se dejó caer en la hierba junto a ella.

–Déjame recobrar el aliento –se excusó Clare–. Hasta aquí hay una buena caminata, y cuesta arriba.

–¡Maldita seas! –exclamó Vivien con voz aguda–. ¿Por

qué no hablas de una vez en lugar de torturarme, demonio con cara de ángel?

Clare quedó estupefacta, y Vivien se retractó de inmediato.

—Lo he dicho sin querer. Lo siento, Clare. De verdad, lo siento. Es sólo que... tengo los nervios destrozados, y tú ahí sentada, hablándome del tiempo... En fin, he perdido los estribos.

—Tendrás un ataque de nervios si no vas con cuidado —dijo Clare con frialdad.

Vivien dejó escapar una breve risotada.

—¿Volverme loca, yo? No, no soy de ésas. Nunca seré una chiflada. Y ahora dime, ¿por qué me has hecho venir aquí?

Clare permaneció callada por un momento. Cuando por fin habló, en lugar de mirar a Vivien, mantuvo la vista fija en el mar.

—Me ha parecido justo advertirte que ya no puedo guardar silencio por más tiempo... respecto a lo que ocurrió el año pasado.

—¿Significa eso que vas a contárselo todo a Gerald?

—A menos que se lo digas tú misma —respondió Clare—. Eso sería lo mejor.

Vivien soltó una estridente carcajada.

—De sobra sabes que no tengo valor para eso.

Clare no la contradijo. Ya antes había comprobado la cobardía de Vivien.

—Sería lo mejor —repitió.

Vivien respondió de nuevo con aquella risa breve y desagradable.

—Te obliga a hacerlo tu recta conciencia, supongo —dijo con desdén.

—Seguramente a ti eso te parece muy extraño —repuso Clare con serenidad—, pero es así, créeme.

Pálida y tensa, Vivien la miró a la cara.

—¡Dios mío! —exclamó—. Además, lo dices convencida. Realmente piensas que ésa es la razón.

—*Es* la razón.

–No, no lo es. Si lo fuese, habrías hablado ya hace tiempo. ¿Por qué no lo has hecho? No, no contestes. Yo te lo diré. Te proporcionaba más placer amenazarme, por eso no has hablado. Preferías tenerme sobre ascuas y ver cómo me crispaba y estremecía. Hacías comentarios... comentarios diabólicos... sólo para atormentarme y mantenerme siempre con el alma en vilo. Y al principio te daban resultado, pero luego me acostumbré.

–Empezaste a sentirte a salvo –corrigió Clare.

–Te diste cuenta, ¿verdad? Aun así, guardaste el secreto, disfrutando de tu sensación de poder. Pero ahora nos marchamos, escapamos de ti, quizá incluso seamos felices... y eso no lo tolerarías por nada del mundo. ¡Así que ahora tu conciencia va y se despierta, justo cuando te conviene! –Se interrumpió, respirando agitadamente.

–No puedo impedir que digas semejantes disparates –replicó Clare, todavía con calma–, pero te aseguro que nada de eso es verdad.

De pronto Vivien se volvió hacia ella y la cogió de la mano.

–¡Por amor de Dios, Clare! Me he enmendado. He hecho lo que me pediste. No he vuelto a ver a Cyril, te lo juro.

–Eso no tiene nada que ver.

–¿Es que no tienes corazón, Clare? ¿No conoces la compasión? Te lo suplicaré de rodillas si hace falta.

–Cuéntaselo tú misma a Gerald. Si se lo dices, quizá te perdone.

Vivien rió con sorna.

–Tú conoces bien a Gerald y sabes que no me perdonará. Montará en cólera; querrá vengarse. Me hará sufrir. Hará sufrir a Cyril, y eso es lo que no resisto. Escúchame, Clare, ahora le van bien las cosas. Ha inventado algo, una máquina. Yo no entiendo de eso, pero puede ser un éxito extraordinario. En estos momentos está desarrollando la idea. Su esposa pone el dinero, claro está. Pero es una mujer desconfiada..., celosa. Si se entera, y se enterará en cuanto Gerald comience los trámites del divorcio, se desentenderá de Cyril, de su trabajo, de todo. Cyril estará acabado.

–Cyril no me preocupa –dijo Clare–. Me preocupa Gerald. ¿Por qué no piensas un poco en él también?

–¡Gerald! Gerald no me importa ni esto. –Chasqueó los dedos–. Nunca me ha importado. Ya que estamos, ¿por qué no hablar con franqueza? Pero quiero a Cyril. Soy una completa sinvergüenza, lo reconozco. Posiblemente también Cyril lo es. Pero mis sentimientos hacia él *son* sinceros. Moriría por él, ¿lo oyes? ¡Moriría por él!

–Eso es fácil decirlo –repuso Clare con desprecio.

–¿Crees que no hablo en serio? Te lo aviso: si sigues con este asqueroso asunto, me mataré. Antes eso que ver a Cyril en la miseria.

Clare no se dejó impresionar.

–¿No me crees? –preguntó Vivien con la respiración entrecortada.

–El suicidio requiere mucho valor.

Vivien se echó bruscamente hacia atrás, como si hubiese recibido un golpe.

–En eso te doy la razón. Es verdad, no tengo agallas. Si hubiese una manera fácil...

–Delante de ti hay una manera fácil –dijo Clare–. Sólo tienes que bajar derecha por esa pendiente verde. Todo terminaría en un par de minutos. Recuerda lo que le ocurrió a aquel niño el año pasado.

–Sí –respondió Vivien, pensativa–. Eso sería fácil, muy fácil, si una quisiese realmente...

Clare se echó a reír.

Vivien se volvió hacia ella.

–Hablemos seriamente de esto una vez más. ¿No te das cuenta, Clare, de que habiendo guardado silencio tanto tiempo, ahora no... no tienes derecho a empezar de nuevo con eso? No veré a Cyril nunca más. Seré una buena esposa para Gerald, lo juro. O si no, me marcharé y Gerald no volverá a verme por aquí. Lo que tú prefieras. Clare...

Clare se puso en pie y dijo:

–Te aconsejo que se lo cuentes tú misma a tu marido; de lo contrario, lo haré yo.

–Entiendo –susurró Vivien–. Bien, no voy a consentir que Cyril sufra...

Se levantó, permaneció inmóvil por un momento, como si reflexionase, y luego trotó hacia el camino, pero en lugar de parar al llegar a él, lo cruzó y siguió pendiente abajo. Volvió una vez la cabeza y se despidió de Clare con un gesto jovial. Después continuó corriendo, alegre, despreocupada, como un niño, hasta perderse de vista.

Clare se quedó paralizada. De pronto oyó exclamaciones, gritos, un clamor de voces. Por fin, silencio.

Agarrotada, descendió hasta el camino. A unos cien metros de allí se había detenido un grupo de gente que subía. Miraban y señalaban hacia el borde del acantilado. Clare corrió hasta ellos.

–Sí, señorita, se ha despeñado alguien. Dos hombres han bajado... a ver.

Clare aguardó. ¿Transcurrió una hora, una eternidad, o sólo unos minutos?

Un hombre trepaba con esfuerzo por el escarpado terreno. Era el párroco en mangas de camisa. Se había quitado la chaqueta para cubrir el cuerpo que yacía abajo.

–Espantoso –dijo, muy pálido–. Gracias a Dios, ha debido morir en el acto. –Vio a Clare y se acercó a ella–. Habrá sido una conmoción terrible para ti. Estabais paseando juntas, ¿no?

Clare se oyó contestar mecánicamente.

Sí. Acababan de separarse. No, el comportamiento de lady Lee había sido normal. Una persona del grupo comentó que la había visto reír y despedirse con la mano. Un sitio muy peligroso. Debería haber una barandilla al borde del camino.

La voz del párroco sonó de nuevo:

–Un accidente. Sí, sin duda ha sido un accidente.

Y de repente Clare prorrumpió en carcajadas roncas y estridentes que retumbaron en el acantilado.

–Eso es mentira –dijo por fin–. La he matado yo.

Notó una palmada en el hombro; oyó unas palabras de consuelo.

–Vamos, vamos. Tranquila. Enseguida te sobrepondrás.

Pero Clare no se sobrepuso enseguida. Ya nunca se sobrepuso. Persistió en su delirante idea –sin duda delirante, puesto que al menos ocho personas habían presenciado la escena– de que ella había matado a Vivien Lee.

Estuvo muy deprimida hasta que la enfermera Lauriston se ocupó de ella. La enfermera Lauriston obtenía excelentes resultados con los enfermos mentales.

–Les sigo la corriente a esos pobres infelices –explicaba con satisfacción.

De modo que se presentó a Clare como celadora de la cárcel de Pentonville. Le habían conmutado la pena de muerte por trabajos forzados, anunció. Una de las habitaciones se acondicionó como celda.

–Y ahora, creo, la tendremos contenta y a gusto –dijo la enfermera Lauriston al médico–. Tráigale cuchillos sin filo si quiere, doctor, pero dudo que haya riesgo de suicidio. No es de esa clase de pacientes. Demasiado egocéntrica. Es curioso que a menudo sean ésos los que se vuelven locos con mayor facilidad.

EPÍLOGO

«El acantilado» se publicó por primera vez en *Pearson's Magazine* en febrero de 1927, con el sugerente comentario editorial de que el relato había sido «escrito justo antes de la reciente enfermedad y misteriosa desaparición de la autora». A última hora de la tarde del 3 de diciembre de 1926 Agatha Christie abandonó su casa de Berkshire. A la mañana siguiente temprano su coche fue hallado, vacío, en Newlands Corner, cerca de Shere, localidad del condado de Surrey. La policía y un grupo de voluntarios rastrearon en vano las inmediaciones. Una semana y media después varios empleados de un hotel de Harrogate cayeron en la cuenta de que la mujer que se había alojado allí con el nombre de Theresa Neele era en realidad la novelista desaparecida.

Cuando Agatha Christie regresó a casa, su marido declaró a la prensa que había sufrido «una pérdida total de la memoria». Sin embargo, las circunstancias que rodearon este episodio relativamente insignificante de su vida han suscitado a lo largo de los años ciertas especulaciones. Incluso cuando se hallaba aún desaparecida, Edgar Wallace, el famoso escritor de novelas de suspense, escribió en un artículo que si no había muerto, «debe de estar viva y en plena posesión de sus facultades, probablemente en Londres. Para expresarlo con claridad —continuaba Wallace—, parece ser que su primera intención era "escarmentar" a cierta persona desconocida». Neele era el apellido de la mujer que se convertiría en segunda esposa de Archibald Christie, y algunos sostienen que Agatha Christie, después de abandonar su coche a fin de poner a su marido en una situación embarazosa, pasó la noche del 3 de diciembre en Londres con unos amigos antes de viajar a Harrogate. Se ha afirmado incluso que la desaparición no fue más que un extravagante montaje publicitario. No obstante, aunque algunos aspectos del incidente siguen sin aclararse, no existen pruebas que corroboren ninguna de estas «explicaciones» alternativas, por lo cual deben considerarse meras especulaciones ociosas.

LA AVENTURA DE NAVIDAD

Los gruesos leños crepitaban alegremente en la gran chimenea, y por encima de los chasquidos del fuego se elevaba un babel producido por seis lenguas que se movían afanosamente al unísono. Los jóvenes reunidos en la casa disfrutaban de sus Navidades.

La anciana señorita Endicott, conocida por la mayoría de los presentes como tía Emily, escuchaba la cháchara con una sonrisa indulgente.

—Me apuesto algo a que no eres capaz de comerte seis pastelillos de frutos secos, Jean.

—Sí puedo.

—No, no puedes.

—Si lo consigues, te daremos a ti toda la fruta confitada del bizcocho.

—Sí, *más* tres trozos de bizcocho *y* dos de pudín de pasas.

—Espero que el pudín haya quedado en su punto —comentó la señorita Endicott con temor—. Está hecho desde hace sólo tres días. El pudín de Navidad debería prepararse mucho antes de Navidad. ¡Si hasta recuerdo que de niña, en la última plegaria anterior al Adviento, cuando decíamos «Remueve, oh, Señor...», creía que tenía algo que ver con remover la masa del pudín de Navidad!

Los jóvenes guardaron un cortés silencio mientras la señorita Endicott hablaba, y no porque les interesasen sus reminiscencias de tiempos pasados, sino porque consideraban que, por educación, debían dar alguna muestra de atención a su anfitriona. En cuanto calló, estalló de nuevo el babel. La señorita Endicott suspiró y, como si buscase apoyo, dirigió la mirada hacia el único miembro del grupo cuya edad se acercaba a la suya, un hombre pequeño de curiosa cabeza ovoide y tieso bigote. Los jóvenes no eran ya como antes, reflexionó la señorita Endicott. Antiguamente habrían formado un círculo mudo y respetuoso y escuchado absortos las sabias palabras de sus mayores. Ahora, en cambio, se enfrascaban en aquel parloteo absurdo, en su mayor parte ininteligible. A pesar de todo, eran unos muchachos encantadores. Su mirada se enterneció mientras pasaba revista a sus jóvenes acompañantes: Jean, alta y pecosa; la pequeña Nancy Cardell, con su belleza morena y agitanada; los dos chicos menores, Johnnie y Eric, en casa por vacaciones, y su amigo Charlie Pease; y Evelyn Haworth, rubia y preciosa... Al pensar en esta última, arrugó la frente, y su mirada se desvió hacia donde se hallaba sentado su sobrino mayor, Roger, callado y cabizbajo, ajeno a la diversión, con la vista fija en la exquisita blancura nórdica de la joven.

–¿No está increíble la nieve? –preguntó Johnnie a voz en grito, acercándose a la ventana–. Una auténtica Navidad nevada. Propongo una batalla con bolas de nieve. Aún falta un buen rato para la comida, ¿no, tía Emily?

–Sí, cielo. Comeremos a las dos. Por cierto, mejor será que vaya a ver si está lista la mesa.

La señorita Endicott salió apresuradamente del salón.

–¡Tengo una idea mejor! –exclamó Jean–. Haremos un muñeco de nieve.

–Sí. ¡Qué divertido! Ya sé: haremos una estatua de monsieur Poirot. ¿Lo oye, monsieur Poirot? ¡El gran detective, Hércules Poirot, modelado en nieve por seis célebres artistas!

Guiñando un ojo, el hombre sentado en la butaca inclinó la cabeza en señal de agradecimiento.

—Pero sáquenme favorecido, muchachos —exigió—. Sólo eso les pido.

—¡Cómo no!

La tropa desapareció como un torbellino, arrollando en la puerta a un ceremonioso mayordomo que entraba en ese momento con un sobre en una bandeja. Recobrada la calma, el mayordomo se encaminó hacia Poirot.

Poirot cogió el sobre y lo abrió. El mayordomo se marchó. Poirot leyó dos veces la nota. Luego dobló el papel y se lo guardó en un bolsillo. En su rostro no se movió un solo músculo, y sin embargo el contenido de la nota era no poco sorprendente. Escrito en letra descuidada, rezaba: «No pruebe el pudín de pasas.»

—Muy interesante —masculló Poirot para sí—. Y del todo inesperado.

Miró hacia la chimenea. Evelyn Haworth no había salido con los demás. Contemplaba el fuego abstraída, dando vueltas nerviosamente a una sortija que llevaba en el dedo anular de la mano izquierda.

—Está absorta en un sueño, mademoiselle —dijo Poirot por fin—. Y no es un sueño agradable, ¿verdad?

La muchacha se sobresaltó y se volvió hacia él desconcertada. Poirot movió la cabeza en un gesto tranquilizador.

—Mi trabajo consiste en averiguar cosas. No, no se la ve contenta. Tampoco yo lo estoy demasiado. ¿Nos confiamos nuestras respectivas penas? Verá, yo siento un gran pesar porque un amigo mío, un viejo amigo, ha zarpado rumbo a Sudamérica. A veces, cuando estábamos juntos, este amigo me hacía perder la paciencia, me irritaba su necedad; pero ahora que se ha ido, recuerdo sólo sus buenas cualidades. Así es la vida, ¿no? Y ahora dígame, mademoiselle, ¿cuál es su problema? Usted no es como yo, un viejo solitario; es joven y bella. Además, el hombre al que ama la ama a su vez a usted. Sí, así es; he estado observándolo durante la última media hora.

La muchacha se sonrojó.

—¿Se refiere a Roger Endicott? Ah, pero en eso está equivocado; no es Roger mi prometido.

–No, su prometido es el señor Oscar Levering. De sobra lo sé. Pero ¿por qué está prometida a él si ama a otro hombre?

Sus palabras no parecieron molestar a la muchacha; de hecho, algo en su actitud excluía cualquier posibilidad de ofensa. Hablaba con una irresistible mezcla de bondad y autoridad.

–Hábleme de ello –instó Poirot con delicadeza. A continuación repitió–: Mi trabajo consiste en averiguar cosas.

La frase proporcionó un extraño consuelo a la muchacha.

–Soy tan desdichada, monsieur Poirot, tan desdichada. Antes disfrutábamos de una posición acomodada. En principio yo era una heredera, y Roger sólo un hijo menor. Y... y aunque estoy segura de que le interesaba, nunca dijo nada, y un día se marchó a Australia.

–Resulta curiosa la manera en que acuerdan aquí los matrimonios –comentó Poirot–. Sin orden, sin método, dejándolo todo al azar.

–De pronto lo perdimos todo. Mi madre y yo nos quedamos casi en la miseria. Nos mudamos a una casa pequeña y a duras penas íbamos arreglándonos. Pero mi madre enfermó. Su única esperanza era someterse a una delicada intervención y pasar luego una temporada en algún lugar de clima templado. Y no teníamos dinero suficiente para eso, monsieur Poirot, no lo teníamos. Así que mi madre estaba condenada a morir. El señor Levering ya me había propuesto matrimonio una o dos veces. Volvió a pedirme que me casase con él y prometió hacer todo lo que estuviese a su alcance por mi madre. Y yo acepté. No tenía alternativa. La operó el mejor especialista del momento, y pasamos el invierno en Egipto. De eso hace un año. Mi madre vuelve a estar bien de salud, y yo... yo me casaré con el señor Levering después de Navidad.

–Entiendo –dijo Poirot–. Y entretanto murió el hermano mayor de monsieur Roger, y él regresó a casa, encontrándose con que su sueño se había hecho añicos. Así y todo, aún no está casada, mademoiselle.

—Una Haworth nunca falta a su palabra, monsieur Poirot —afirmó la muchacha con orgullo.

Apenas había acabado de hablar cuando se abrió la puerta y apareció en ella un hombre calvo y corpulento de rostro rubicundo y astuta mirada.

—¿Qué haces ahí aburriéndote, Evelyn? Sal a dar un paseo.

—Muy bien, Oscar.

La muchacha se levantó con desgana. Poirot se puso también en pie y preguntó atentamente:

—¿Sigue indispuesta mademoiselle Levering?

—Sí, lamentablemente continúa acostada. Es una lástima tener que guardar cama el día de Navidad.

—Desde luego —convino Poirot cortésmente.

Evelyn necesitó sólo unos minutos para ponerse las botas de nieve y ropa de abrigo, y ella y su prometido salieron al jardín nevado. Era un día de Navidad ideal, frío y soleado. El resto del grupo seguía ocupado con el muñeco de nieve. Levering y Evelyn se detuvieron a observarlos.

—¡Eh, tortolitos! —gritó Johnnie, y les lanzó una bola de nieve.

—¿Qué te parece, Evelyn? —preguntó Jean—. Hércules Poirot, el gran detective.

—Espera a que le pongamos el bigote —dijo Eric—. Usaremos un mechón de pelo que va a cortarse Nancy. *Vivent les braves Belges!*

—¡Mira que tener un detective auténtico en casa! —exclamó Charlie—. Ojalá hubiese también un asesinato.

—¡Oh, oh, oh! —dijo Jean, brincando alrededor—. Se me acaba de ocurrir una idea. Planeemos un asesinato... en broma, quiero decir. Y engañemos a Poirot. ¡Venga, hagámoslo! Será una juerga.

Cinco voces empezaron a hablar simultáneamente.

—¿Cómo lo hacemos?

—¡Unos espantosos gemidos!

—No, pedazo de tonto. Aquí afuera.

—Unas huellas en la nieve, cómo no.

–Jean en camisón.

–Se necesita pintura roja.

–En la mano... y en la cabeza.

–Lástima que no tengamos un revólver.

–Papá y tía Em no se enterarán de nada, os lo aseguro. Sus habitaciones están en el otro lado de la casa.

–No, no lo tomará a mal; tiene mucho sentido del humor.

–Sí, pero ¿qué clase de pintura roja? ¿Esmalte?

–Podríamos comprar en el pueblo.

–Hoy es día de Navidad, bobo.

–No, mejor acuarela. Un rojo óxido.

–Jean puede ser la víctima.

–No te preocupes por el frío. Será sólo un rato.

–No, que sea Nancy. Ella lleva esos pijamas tan elegantes...

–A ver si Graves sabe dónde hay pintura.

Corrieron en tropel a la casa.

–¿Meditando, Endicott? –dijo Levering, y soltó una desagradable risotada.

Roger salió al instante de su ensimismamiento. Apenas había oído las maquinaciones de sus compañeros.

–Es sólo que hay algo que no acabo de entender –murmuró.

–¿Entender?

–No entiendo qué hace aquí monsieur Poirot.

Su respuesta desconcertó a Levering, pero en ese mismo instante sonó el gong, y todos entraron a celebrar la comida de Navidad. En el comedor, las cortinas estaban echadas y las luces encendidas, iluminando una larga mesa repleta de paquetes sorpresa y otros adornos. Era una auténtica comida de Navidad a la antigua usanza. Ocupaba la cabecera el señor Endicott, rojizo y jovial; su hermana se sentaba frente a él, al otro extremo de la mesa. Para la ocasión, monsieur Poirot se había puesto un chaleco rojo, y entre eso, su oronda figura y el modo en que ladeaba la cabeza, recordaba inevitablemente a un petirrojo.

El señor Endicott trinchó el pavo en un abrir y cerrar de

ojos, y todos se concentraron en sus platos. El servicio retiró los restos de dos pavos, y se produjo un expectante silencio. Al cabo de un momento entró Graves, el mayordomo, con gran ceremonia portando en alto el pudín de pasas, un pudín gigantesco envuelto en llamas. La aparición desencadenó una ensordecedora algarabía.

–Deprisa. ¡Oh, mi porción está apagándose! Rápido, Graves. Si deja de arder, no se cumplirá mi deseo.

Nadie tuvo tiempo de advertir la peculiar expresión de Poirot mientras inspeccionaba la porción de pudín que le había correspondido. Nadie reparó en la fugaz mirada que lanzó en torno a la mesa. Con un ligero ceño de perplejidad, empezó a comer su pudín. La conversación bajó de volumen. De pronto el señor Endicott profirió una exclamación. Sonrojado, se llevó una mano a la boca.

–¡Por todos los demonios, Emily! –bramó–. ¿Cómo consientes que la cocinera ponga cristal en el pudín?

–¿Cristal? –repitió la señorita Endicott, atónita.

El señor Endicott se sacó de la boca la causa de su repentina irritación.

–Podría haberme roto un diente –gruñó–, o habérmelo tragado y tener luego una apendicitis.

Frente a cada comensal había un pequeño lavafrutas con agua destinado a las monedas y demás objetos ocultos en el bizcocho. El señor Endicott dejó caer en el suyo el fragmento de cristal, lo enjuagó y lo alzó para observarlo.

–¡Dios nos asista! –prorrumpió–. Es una piedra roja, quizá de un broche. Probablemente ha saltado de alguno de los paquetes sorpresa al abrirlos.

–¿Me permite? –Con notable destreza, Poirot cogió el objeto de entre sus dedos y lo examinó atentamente.

Como el señor Endicott había dicho, era una gran piedra roja, del color de un rubí. La luz se reflejaba en sus facetas mientras le daba vueltas.

–¡Caramba! –exclamó Eric–. ¿Y si fuese auténtico?

–No seas bobo –replicó Jean con sorna–. Un rubí de ese tamaño valdría miles y miles de libras, ¿no, monsieur Poirot?

–Hay que ver lo bien que arreglan ahora estos paquetes sorpresa –musitó la señorita Endicott–. Pero ¿cómo habrá llegado adentro del pudín?

Obviamente ésa era la gran duda del momento. Se agotaron todas las hipótesis. Sólo Poirot permaneció en silencio, y con aparente despreocupación, como si pensase en otra cosa, se guardó la piedra en el bolsillo.

Después de comer visitó la cocina.

La cocinera no pudo disimular su azoramiento. ¡Ser interrogada por uno de los invitados, y nada menos que el caballero de otro país! Pero procuró contestar a sus preguntas con la mayor claridad posible. El pudín había sido preparado tres días atrás.

–El mismo día que usted llegó, caballero –precisó la cocinera.

Todos habían pasado por la cocina para remover la masa, distribuida ya en distintos moldes, y formular un deseo. Una vieja tradición... ¿no era costumbre quizá en el extranjero? Después habían cocido el pudín y colocado los moldes en el estante más alto de la despensa. ¿Había alguna diferencia entre aquella porción de pudín y las otras? No, la cocinera creía que no. Salvo que estaba en un molde de aluminio, y las otras en moldes de porcelana. ¿Estaba previsto servir el pudín del molde de aluminio el día de Navidad? Era curioso que preguntase aquello. No, no era para Navidad. El pudín de Navidad se cocía siempre en moldes blancos de porcelana con un dibujo de flores de acebo. Pero esa misma mañana (la cara roja de la cocinera se llenó de pronto de ira) Gladys, la ayudanta de cocina, al bajar los moldes para su última cocción, había roto uno.

–Y claro está –concluyó la cocinera–, al ver que podían quedar astillas en el pudín, lo he sustituido por el del molde de aluminio.

Poirot le dio las gracias y salió de la cocina sonriente, satisfecho al parecer con la información que acababa de obtener, y dando vueltas a algo en el interior de su bolsillo con los dedos de la mano derecha.

–¡Monsieur Poirot! ¡Monsieur Poirot! ¡Despierte! ¡Ha ocurrido una desgracia!

Era la voz de Johnnie, al amanecer del día siguiente. Poirot se incorporó en la cama. Llevaba puesto un gorro de dormir. El contraste entre la seriedad de su semblante y el desenfado con que lucía el gorro, caído a un lado de la cabeza, era sin duda chocante; pero en Johnnie causó un efecto desproporcionado. A no ser por sus palabras, habría cabido pensar que apenas podía aguantar la risa. Se oían asimismo curiosos sonidos al otro lado de la puerta, semejantes al borboteo de varios sifones atascados.

–Baje ahora mismo, por favor –continuó Johnnie, la voz ligeramente trémula–. Hay una persona muerta. –Se volvió de espaldas.

–¡Vaya! –dijo Poirot–. ¡La cosa es grave, pues!

Se levantó y, sin excesiva prisa, se aseó parcialmente. Luego siguió a Johnnie escalera abajo. El resto del grupo se había congregado junto a la puerta del jardín. Sus rostros expresaban intensa emoción. Al ver a Poirot, Eric tuvo un violento ataque de tos.

Jean se adelantó y apoyó la mano en el brazo de Poirot.

–¡Mire! –dijo, y señaló a través de la puerta con ademán teatral.

–*Mon Dieu!* –exclamó Poirot–. Parece una escena de un drama.

Su observación no era inapropiada. Por la noche había vuelto a nevar, y a la tenue luz del alba todo parecía blanco y fantasmal. El níveo manto permanecía impoluto salvo por una mancha de vivo color escarlata.

Nancy Cardell yacía inmóvil en la nieve. Vestía un pijama de seda escarlata, estaba descalza, y tenía los brazos extendidos y la cabeza ladeada y oculta por su abundante melena negra. Permanecía mortalmente quieta y de su costado derecho sobresalía la empuñadura de un puñal mientras, alrededor, un círculo de nieve cada vez mayor se teñía de carmesí.

Poirot salió al jardín. En lugar de dirigirse hacia el cadáver de la muchacha, siguió por el camino. El rastro de dos pares de pies conducía al punto donde se había producido la tragedia. Las huellas del hombre se alejaban luego, solas, en dirección opuesta. Poirot se detuvo en el camino y se acarició el mentón en ademán reflexivo.

De pronto salió de la casa Oscar Levering.

—¡Santo Dios! —exclamó—. ¿Qué es esto?

Su agitación contrastaba con la calma del detective.

—Parece un asesinato —contestó Poirot pensativamente.

Eric sufrió otro violento acceso de tos.

—Tenemos que hacer algo —dijo Levering a voz en grito—. ¿Qué hacemos?

—Sólo una cosa puede hacerse —respondió Poirot—: avisar a la policía.

—¡Oh! —protestó el grupo a coro.

Poirot los miró con expresión interrogativa.

—Es así —insistió—. No podemos hacer nada más. ¿Alguien se ofrece a ir?

Siguió un instante de silencio. Por fin Johnnie avanzó hacia él.

—Se acabó la diversión —anunció—. Espero, monsieur Poirot, que no se enfade con nosotros. Ha sido una broma. Lo hemos preparado todo nosotros... para tomarle el pelo. Nancy no está muerta; sólo lo hace ver.

Poirot lo observó sin inmutarse, salvo por un rápido parpadeo.

—Se han burlado de mí, ¿no es eso? —inquirió con toda tranquilidad.

—Lo siento mucho, de verdad. No deberíamos haberlo hecho. Ha sido una broma de mal gusto. Le pido disculpas.

—No es necesario que se disculpe —contestó Poirot con un tono peculiar.

Johnnie se volvió.

—¡Vamos, Nancy, levanta! —gritó—. ¿Es que vas a quedarte ahí tendida todo el día.

Pero la figura que yacía en la nieve no se movió.

—¡Levanta ya! —repitió Johnnie.

Nancy continuó inmóvil, y de repente una sensación de miedo indescriptible se apoderó de Johnnie. Miró a Poirot.

–¿Qué... qué ocurre? ¿Por qué no se levanta?

–Acompáñeme –dijo Poirot lacónicamente.

Caminó por la nieve con paso resuelto. Había indicado a los demás que permaneciesen donde estaban, y procuró no pisar las otras huellas. Johnnie lo siguió, asustado e incrédulo. Poirot se arrodilló junto a la muchacha y al cabo de un momento hizo una seña a Johnnie.

–Tóquele la mano y busque el pulso.

Perplejo, Johnnie se agachó y de inmediato retrocedió dejando escapar un grito. La mano y el brazo de Nancy estaban fríos y rígidos, y no se percibía el más débil latido.

–¡Está muerta! –dijo Johnnie con voz entrecortada–. Pero ¿cómo? ¿Por qué?

Poirot pasó por alto la primera pregunta.

–¿Por qué? –repitió, abstraído–. Eso me gustaría a mí saber.

De pronto se inclinó sobre el cadáver de la muchacha, le abrió la otra mano, que tenía firmemente cerrada en torno a algo. Tanto él como Johnnie lanzaron una exclamación. En la palma de la mano de Nancy apareció una piedra roja que refulgió con ígneos destellos.

–¡Ajá! –exclamó Poirot.

Con la rapidez de un rayo, se metió la mano en el bolsillo y volvió a sacarla, vacía.

–El rubí del paquete sorpresa –musitó Johnnie, asombrado. Mientras el detective examinaba el puñal y la nieve manchada, añadió–: No puede ser sangre, monsieur Poirot. Es pintura. Simple pintura.

Poirot se irguió.

–Sí –afirmó con calma–. Tiene razón. No es más que pintura.

–Entonces ¿cómo...? –Johnnie se interrumpió.

–¿Cómo la han matado? –dijo Poirot, acabando la frase por él–. Eso habrá que averiguarlo. ¿Ha comido o bebido algo esta mañana?

Volvía sobre sus pasos hacia el camino, donde los demás aguardaban. Johnnie lo seguía a corta distancia.

—Ha tomado un té —contestó el muchacho—. Se lo ha preparado el señor Levering. Tiene un hornillo de alcohol en su habitación.

Johnnie hablaba alto y claro. Levering oyó sus palabras.

—Siempre viajo con un hornillo a cuestas —explicó—. No hay en el mundo nada más práctico. En esta visita mi hermana lo ha agradecido; no le gusta andar molestando a los criados a todas horas, ¿entiende?

Poirot, casi en actitud de disculpa, bajó la vista a los pies de Levering, calzados con unas zapatillas de estar por casa.

—Se ha cambiado las botas, veo —murmuró con discreción.

Levering lo miró fijamente.

—Pero ¿qué vamos a hacer, monsieur Poirot? —preguntó Jean.

—Como ya he dicho, mademoiselle, sólo una cosa puede hacerse: avisar a la policía.

—Yo iré —se ofreció Levering—. No tardaré ni un minuto en ponerme las botas. Mejor será que no se queden aquí fuera, con este frío.

Corrió a la casa.

—¡Qué considerado, este señor Levering! —susurró Poirot—. ¿Seguimos su consejo?

—¿Y si despertamos a mi padre y... y a todo el mundo?

—No —respondió Poirot con tono tajante—. No es necesario. Aquí fuera no debe tocarse nada hasta que llegue la policía. ¿Entramos, pues? ¿A la biblioteca? Les contaré una breve historia que quizá aleje de sus mentes esta lamentable tragedia.

Se encaminó hacia la casa, y los demás lo siguieron.

—La historia trata de un rubí —empezó Poirot, arrellanándose en un cómodo sillón—. Un famoso rubí que pertenecía a un hombre no menos famoso. No mencionaré su nombre, pero es uno de los personajes más importantes del planeta. *Eh bien,* este gran hombre llegó a Londres de incógnito. Y como, pese a ser un gran hombre, era también joven e insensato, cayó en las redes de una preciosa muchacha. A esta preciosa muchacha no le interesaba demasiado el gran hombre, pero sí le interesaban sus bienes, tanto que un día desapareció con el histórico rubí que pertenecía a su familia desde hacía muchas generaciones. El desdichado joven se halló ante un dilema. Pronto contraerá matrimonio con una princesa, y no desea verse envuelto en un escándalo. Ante la imposibilidad de acudir a la policía, recurrió a mí, Hércules Poirot. «Recupere el rubí», me dijo. *Eh bien,* yo poseía cierta información sobre esa muchacha. Sabía que tenía un hermano, y que juntos habían dado más de un astuto *coup.* Casualmente averigüé dónde pasarían las Navidades. Y por gentileza del señor Endicott, a quien por azar conocía, también yo fui invitado a esta casa. Pero cuando esa preciosa joven se enteró de que venía, se alarmó mucho. Es inteligente, y sabía que andaba tras el rubí. Debía esconderlo de inmediato en lugar seguro, e imaginen dónde fue a esconderlo. ¡En un pudín de pasas! Sí, bien pueden sorprenderse. Mientras removía la masa junto con todos los demás, lo metió en un pudín con un molde de aluminio distinto del resto. Pero por una extraña casualidad ese pudín acabó sirviéndose el día de Navidad.

Olvidando la tragedia por un momento, los muchachos lo miraron boquiabiertos.

–Después –prosiguió Poirot– decidió quedarse en cama. –Sacó su reloj y consultó la hora–. En la casa están ya todos despiertos. El señor Levering tarda más de la cuenta en traer a la policía, ¿no creen? Juraría que lo ha acompañado su hermana.

Ahogando un grito, Evelyn se levantó y clavó la mirada en Poirot.

–Y juraría también que no regresarán –añadió el detective–. Oscar Levering lleva mucho tiempo jugando con fuego, y esta vez ha ido demasiado lejos. Él y su hermana cambiarán de nombre y continuarán con sus actividades en otro país. Esta mañana lo he tentado y atemorizado alternativamente. Renunciando por completo a su impostura, podía apoderarse del rubí mientras nosotros estábamos en la casa y él, supuestamente, iba a buscar a la policía. Pero eso equivalía a quemar las naves. Así y todo, ante el riesgo de ser acusado de asesinato, la huida parecía lo más oportuno.

–¿Ha matado él a Nancy? –susurró Jean.

Poirot se puso en pie.

–¿Y si visitamos una vez más el lugar del crimen? –propuso.

Se encaminó hacia el jardín, y los demás lo siguieron. Pero cuando salieron, un grito ahogado escapó simultáneamente de sus gargantas. No quedaba el menor rastro de la tragedia; la nieve estaba lisa e intacta.

–¡Caramba! –exclamó Eric, dejándose caer en el portal–. No ha sido todo un sueño, ¿verdad?

–Asombroso –dijo Poirot con un ligero parpadeo–. El misterio del cadáver desaparecido.

Movida por una repentina suspicacia, Jean se acercó a él.

–Monsieur Poirot, no estará... mejor dicho, no habrá estado burlándose de nosotros desde el principio, ¿verdad? Sí, creo que sí.

–Es cierto, muchachos. Verán, me enteré de su inocente conspiración y decidí contraatacar. Ah, aquí tenemos a mademoiselle Nancy... y sana y salva, espero, después de su extraordinaria actuación.

En efecto, allí estaba Nancy Cardell en carne y hueso, con una mirada radiante y pletórica toda ella de salud y energía.

–¿No se ha enfriado? ¿Se ha bebido la tisana que he hecho subir a su habitación? –preguntó Poirot con tono acusador.

–He tomado un sorbo, y con eso me ha bastado. Me encuentro bien. ¿Qué tal he estado, monsieur Poirot? ¡Uf, me duele el brazo ahora que me he quitado el torniquete!

–Ha estado magnífica, *petite*. Pero quizá deberíamos poner al corriente a los demás. Percibo que siguen en la inopia. Verán, *mes enfants*, acudí a mademoiselle Nancy, le dije que estaba enterado de su pequeño *complot*, y le pedí que representase un papel para mí. Ha demostrado una gran astucia. Ha inducido al señor Levering a prepararle una taza de té y ha conseguido asimismo que fuese él quien dejase sus huellas en la nieve. Así que llegado el momento él ha pensado que, por alguna fatalidad, mademoiselle Nancy estaba muerta realmente, y eso me ha proporcionado todos los elementos necesarios para atemorizarlo. ¿Qué ha ocurrido cuando nosotros hemos vuelto a la casa, mademoiselle?

—El señor Levering ha venido con su hermana, me ha arrebatado el rubí de la mano, y los dos se han marchado a toda prisa.

—¡Pero cómo, monsieur Poirot! —exclamó Eric—. ¿Y el rubí? ¿No irá a decirnos que ha consentido que se lo lleven?

Ante el círculo de miradas acusadoras, Poirot quedó cariacontecido.

—Lo recuperaré —afirmó sin convicción, pero advirtió que había perdido la estima de los muchachos.

—¡Pues no faltaría más! —protestó Johnnie—. ¡Mire que dejarlos marcharse con el rubí...!

Jean sin embargo fue más sagaz.

—¡Está tomándonos el pelo otra vez! —dijo—. ¿No es así, monsieur Poirot?

—Busque en mi bolsillo izquierdo, mademoiselle.

Con vivo entusiasmo, Jean metió la mano en el bolsillo y la extrajo de nuevo. Profiriendo una exclamación de triunfo, alzó el gran rubí y lo exhibió en todo su esplendor carmesí.

—Verán, el otro era una réplica en bisutería que traje de Londres —explicó Poirot.

—¡Qué inteligente! —dijo Jean con admiración.

—Hay un detalle que aún no nos ha aclarado —saltó Johnnie de pronto—. ¿Cómo descubrió nuestra treta? ¿Se lo contó Nancy?

Poirot negó con la cabeza.

—¿Cómo se enteró, pues?

—Mi trabajo consiste en averiguar cosas —contestó Poirot, y sonrió al ver alejarse por el camino a Evelyn Haworth y Roger Endicott.

—Sí, pero díganoslo. ¡Va, por favor! Querido monsieur Poirot, díganoslo.

Lo rodeaba un círculo de rostros sonrojados e impacientes.

–¿De verdad desean que resuelva ese misterio por ustedes?

–Sí.

–No creo que pueda.

–¿Por qué?

–*Ma foi*, los decepcionaría.

–¡Va, díganoslo! ¿Cómo se enteró?

–Pues, verán, me hallaba en la biblioteca...

–¿Sí?

–... y ustedes discutían sus planes en el jardín, justo al lado..., y la ventana estaba abierta.

–¿Eso es todo? –dijo Eric con enojo–. ¿Así de sencillo?

–Así de sencillo –confirmó Poirot, sonriente.

–Al menos ahora lo sabemos ya todo –declaró Jean con satisfacción.

–¿Ah, sí? –murmuró Poirot para sí, dirigiéndose hacia la casa–. *Yo* no... yo, cuyo trabajo consiste en averiguar cosas–. Y de nuevo, quizá por vigésima vez, sacó de su bolsillo un papel bastante sucio y leyó–: «No pruebe el pudín de pasas.»

Poirot movió la cabeza en un gesto de perplejidad. En ese mismo momento oyó, muy cerca de sus pies, la exclamación ahogada de una peculiar voz. Bajó la vista y descubrió a una criatura pequeña con un vestido estampado. En la mano derecha sostenía un cepillo y en la izquierda, un recogedor.

–¿Y tú quién eres, *mon enfant*? –preguntó Poirot.

–Annie Hicks, señor, para servirle. Segunda doncella.

Poirot tuvo una intuición. Entregó la nota a la niña.

–¿Has escrito tú esto, Annie?

–No lo hice con mala intención, señor.

Poirot le sonrió.

–Claro que no. ¿Por qué no me lo cuentas todo?

–Fueron esos dos, el señor Levering y su hermana. Nadie del servicio los soporta, y ella no estaba enferma ni nada por el estilo, se lo aseguro. A mí eso me daba mala espina, y en fin, señor, le seré sincera, escuché detrás de la puerta y oí decir al señor Levering: «Tenemos que librarnos de ese Poirot cuanto antes.» Así, tal cual. Luego, con mucho interés, le preguntó a su hermana: «¿Dónde lo has puesto?», y ella contestó: «En el pudín.» Así que imaginé que quería envenenarlo a usted con el pudín de Navidad, y no sabía qué hacer. A mí la cocinera no me habría hecho ni caso. Pensé, pues, escribirle una nota para avisarlo del peligro y la dejé en el vestíbulo, donde el señor Graves por fuerza la vería y se la entregaría.

Annie se interrumpió, sin aliento. Poirot la observó con seriedad por un momento.

—Lees demasiados folletines, Annie —dijo por fin—. Pero tienes buen corazón y no te falta inteligencia. Cuando regrese a Londres, te enviaré un libro excelente sobre *le ménage,* y también *Las vidas de los santos* y una obra sobre la posición económica de la mujer.

Dejando a Annie con otra exclamación ahogada en los labios, se dio media vuelta y cruzó el vestíbulo. Se proponía entrar en la biblioteca, pero a través de la puerta abierta vio dos cabezas muy juntas, una rubia y otra morena. Se detuvo. De pronto unos brazos le rodearon el cuello.

—Quiero darle un beso —anunció Jean.

—Yo también —dijo Nancy.

Monsieur Poirot disfrutó de la ocasión; disfrutó mucho, a decir verdad.

EPÍLOGO

«La aventura de Navidad» se publicó por primera vez como «The Adventure of the Christmas Pudding» en *The Sketch* el 12 de diciembre de 1923, y era el último de la segunda serie de relatos publicados bajo el título *The Grey Cells of M. Poirot*. El relato reapareció en los años cuarenta con el nombre «La aventura de Navidad», incluido en dos recopilaciones, *Problem at Pollensa and Christmas Adventure* y *Poirot Knows the Murderer*, ambas de corta vida y nunca reeditadas. Muchos años después Agatha Christie lo amplió, convirtiéndolo en una novela corta, que formó parte de *El pudín de Navidad* (1960).

En el prólogo a esa recopilación, Agatha Christie explicó que en el relato rememoraba las Navidades de su juventud, que pasó con su madre, tras la muerte de su padre en 1901, en la mansión de Abney Hall, en Stockport. Abney Hall había sido construida por sir James Watts, alcalde de Manchester en una época y abuelo de James Watts, el marido de la hermana mayor de Agatha Christie, Madge. En su autobiografía, publicada en 1977, Agatha Christie describía Abney como «una casa maravillosa donde pasar la Navidad en la infancia. No sólo era una enorme mansión neogótica con infinidad de habitaciones, pasillos, peldaños inesperados, escaleras traseras, escaleras delanteras y recovecos –todo lo que un niño podría desear–, sino que además tenía tres pianos distintos donde tocar, así como un órgano». En otra parte recordaba al respecto: «... mesas que crujían bajo el peso de la comida y la generosa hospitalidad... había una despensa abierta donde todos podíamos proveernos de bombones y cualquier otra exquisitez que nos apeteciese». Y cuando Agatha no estaba comiendo –por lo general, en competición con Humphrey, hermano menor de James Watts–, jugaba con él y sus hermanos Lionel, Miles y Nan. Quizá pensaba en ellos al describir a los muchachos del relato y cómo se divirtieron en una Navidad nevada con «un detective auténtico en casa».

UN DIOS SOLITARIO

Se hallaba sobre una repisa del Museo Británico, solo y desamparado entre una congregación de deidades obviamente más importantes que él. Alineados a lo largo de las cuatro paredes, esos otros personajes mayores parecían manifestar todos una abrumadora sensación de superioridad. El pedestal de cada uno de ellos llevaba debidamente inscritas la procedencia y la raza que se había enorgullecido de poseerlo. No existía la menor duda respecto a su posición: eran divinidades de alto rango y se las reconocía como tales.

Sólo el pequeño dios del rincón quedaba excluido de su compañía. Toscamente labrado en piedra gris, sus rasgos borrados casi por completo a causa de la intemperie y los años, permanecía sentado en soledad, acodado en las rodillas, la cabeza entre las manos; un dios pequeño y solitario en tierra extraña.

Ninguna inscripción daba a conocer su lugar de origen. Estaba en verdad perdido, sin honor ni fama, una figurilla patética lejos de su mundo. Nadie se fijaba en él; nadie se detenía a contemplarlo. ¿Por qué iban a hacerlo? Era insignificante, un bloque de piedra gris en un rincón. Lo flanqueaban dos dioses mejicanos, su superficie alisada por el paso del tiempo, plácidos ídolos con las manos cruzadas y bocas crueles arqueadas en una sonrisa que revelaba sin tapujos su desprecio por la humanidad. Había también un pequeño dios orondo y en extremo prepotente, con un puño cerrado, que a todas luces tenía un exagerado concepto de su propia importancia, pero algún que otro visitante se paraba a echarle un vistazo, aunque sólo fuese para reírse del marcado contraste entre su absurda pomposidad y la sonriente indiferencia de sus compañeros mejicanos.

Y el pequeño dios perdido estaba allí sentado, como siempre año tras año, sin la menor esperanza, la cabeza entre las manos, hasta que un día sucedió lo imposible, y encontró... un adorador.

–¿Hay correspondencia para mí?

El conserje extrajo un fajo de cartas de un casillero, las hojeó y respondió con tono indolente:

–Nada para usted, caballero.

Frank Oliver suspiró y volvió a salir del club. No tenía ningún motivo en particular para esperar correspondencia. Poca gente le escribía. Desde su regreso de Birmania la primavera pasada había ido tomando conciencia de su creciente soledad.

Frank Oliver acababa de cumplir los cuarenta, y había pasado los últimos dieciocho años en distintas partes del planeta, con breves períodos de permiso en Inglaterra. Ahora que se había retirado y vuelto a casa para quedarse, se daba cuenta por primera vez de lo solo que estaba en el mundo.

Tenía a su hermana Greta, sí, casada con un clérigo de Yorkshire y muy ocupada con las responsabilidades parroquiales y el cuidado de sus hijos. Como era natural, Greta sentía un gran cariño por su único hermano, pero en sus circunstancias era también natural que dispusiese de poco tiempo para él. Por otra parte, contaba con su viejo amigo Tom Hurley. Tom había contraído matrimonio con una muchacha bonita, alegre e inteligente, una muchacha muy enérgica y práctica a quien Frank temía en secreto. Jovialmente le decía que no debía convertirse en un solterón avinagrado y con frecuencia le presentaba «chicas simpáticas»; ellas persistían en la relación por un tiempo y luego lo dejaban por imposible.

Y sin embargo, Frank no era una persona insociable. Anhelaba compañía y comprensión, y desde su regreso a Inglaterra había ido tomando conciencia de su creciente desánimo. Había estado lejos demasiados años, y no sintonizaba con los nuevos tiempos. Pasaba días enteros deambulando sin rumbo, preguntándose qué hacer con su vida.

Uno de esos días entró en el Museo Británico. Le interesaban las curiosidades asiáticas, y así fue como descubrió por azar al dios solitario. Su encanto lo cautivó al instante. Allí había algo vagamente afín a él, alguien extraviado también en una tierra extraña. Comenzó a frecuentar el museo con el único propósito de contemplar aquella figurilla gris de piedra, expuesta sobre la alta repisa en su oscuro rincón.

Aciaga suerte la suya, pensaba. Probablemente en otro tiempo era el centro de atención, abrumado siempre con ofrendas, reverencias y demás.

Había empezado a creerse con tales derechos sobre su menguado amigo (equivalentes casi a un verdadero sentido de propiedad) que en un primer momento le molestó ver que el pequeño dios había logrado una segunda conquista. Aquel dios solitario lo había descubierto *él;* nadie, consideraba, tenía derecho a entrometerse.

Pero una vez mitigada la indignación inicial, no pudo menos que sonreír. Pues aquella segunda adoradora era una criatura menuda, ridícula y lastimosa en extremo, vestida con un raído abrigo negro y una falda que había conocido tiempos mejores. Era joven –tendría poco más de veinte años, calculó–, de cabello rubio y ojos azules, y un melancólico mohín se dibujaba en sus labios.

El sombrero que llevaba le llegó al corazón de manera especial. Saltaba a la vista que lo había adornado ella misma, y era tal su valeroso intento de parecer elegante que su fracaso resultaba patético. Era sin duda una dama, pero una dama ida a menos, y Frank concluyó de inmediato que trabajaba de institutriz y estaba sola en el mundo.

Pronto averiguó que visitaba al dios los martes y viernes, siempre a las diez de la mañana, en cuanto abría el museo. Al principio le disgustó su intrusión, pero poco a poco se convirtió en uno de los principales intereses de su monótona vida. A decir verdad, su compañera de veneración empezaba a desbancar al objeto venerado en su preeminente posición. Los días que no veía a la «Pequeña Dama Solitaria», como él la llamaba en sus pensamientos, se le antojaban vacíos.

Quizá también ella experimentaba igual interés en él, pero se esforzaba en disimularlo bajo una calculada actitud de indiferencia. Con todo, un sentimiento de compañerismo se forjó gradualmente entre ellos, pese a que aún no habían cruzado palabra. El verdadero problema era en realidad la timidez de Frank. En sus adentros aducía que probablemente ella ni siquiera se había fijado en él (eso no obstante lo descartaba en el acto cierto sentido común interno), que lo consideraría una impertinencia intolerable, y por último que a él no se le ocurría ni remotamente qué decir.

Pero el destino, o el pequeño dios, tuvo la gentileza de proporcionarle una genial idea, o eso le parecía a él. Sobremanera satisfecho de su astucia, compró un pañuelo de mujer, una delicada prenda de batista y encaje que apenas se atrevía a tocar. Así pertrechado, siguió a la muchacha cuando se marchó y la detuvo en la Sala Egipcia.

–Disculpe –dijo, procurando hablar con flemática despreocupación y fracasando estrepitosamente en el intento–. ¿Es esto suyo?

La Dama Solitaria cogió el pañuelo y fingió examinarlo con detenida atención.

–No, no es mío. –Se lo devolvió y, dirigiéndole una mirada en la que Frank, con sentimiento culpable, creyó adivinar recelo, añadió–: Es muy nuevo. Aún lleva el precio.

Sin embargo, Frank se resistió a admitir que había sido descubierto y emprendió una farragosa explicación en exceso verosímil.

–Verá, lo he encontrado bajo aquella vitrina grande, junto a la pata del fondo. –Halló un gran alivio en esa detallada descripción–. Así que, como usted se había parado allí, he pensado que debía de ser suyo y he venido a traérselo.

–No, no es mío –repitió ella. Como de mala gana, agregó–: Gracias.

La conversación llegó a un embarazoso punto muerto. La muchacha permaneció inmóvil, sonrojada e incómoda, buscando obviamente la manera de retirarse con dignidad.

Frank, en un desesperado esfuerzo, decidió sacar provecho de la ocasión.

–No... no sabía que hubiese en Londres otra persona interesada en *nuestro* pequeño dios solitario hasta que la he visto a usted.

–¿*Usted* también lo llama así? –preguntó la muchacha con vivo interés, dejando a un lado sus reservas. Por lo visto, el pronombre elegido por él, «nuestro», si lo había advertido, no le molestó. De manera espontánea se había sentido impulsada a admitir su afinidad.

Así pues, Frank consideró lo más normal del mundo contestar:

–¡Naturalmente!

De nuevo se produjo un silencio, pero esta vez nacido de la mutua comprensión.

Fue la Dama Solitaria quien lo rompió, recordando de pronto los convencionalismos.

Se irguió y, adoptando una actitud de dignidad casi ridícula en una persona de tan corta estatura, dijo con tono glacial:

–Debo irme. Buenos días.

Y tras una ligera y envarada inclinación de cabeza, se alejó, con la espalda muy recta.

Cualquier otro se hubiera sentido rechazado, pero Frank Oliver, en un lamentable indicio de sus rápidos progresos en conducta licenciosa, se limitó a murmurar:

—¡Qué encanto de mujer!

Pronto se arrepentiría de su temeridad, no obstante. En los diez días siguientes su pequeña dama no se acercó al museo. Frank se desesperó. ¡La había ahuyentado! ¡Nunca regresaría! ¡Era un bruto, un villano! ¡Nunca volvería a verla!

En su ansiedad, merodeó sin cesar por el Museo Británico. Quizá simplemente visitaba el museo a otras horas. Pronto Frank conoció de memoria las salas adyacentes y desarrolló una perdurable aversión a las momias. Casi enloqueció de aburrimiento a fuerza de contemplar innumerables jarrones de todas las épocas, y el vigilante lo observaba con recelo cuando se pasaba tres horas absorto en los jeroglíficos asirios.

Pero un día su paciencia se vio recompensada. La muchacha apareció de nuevo, con el color más subido que de costumbre e intentando a toda costa mostrarse serena.

Frank la saludó con efusiva cordialidad.

—Buenos días. Hacía una eternidad que no venía por aquí.

—Buenos días —contestó ella, pronunciando las palabras con gélido desapego y pasando por alto impasiblemente su segunda frase.

Pero Frank estaba desesperado.

—Escúcheme. —Se plantó frente a ella con una mirada suplicante que recordaba la de un perro fiel—. Seamos amigos. Yo estoy solo en Londres... totalmente solo en el mundo, y creo que a usted le ocurre lo mismo. Deberíamos ser amigos. Además, nos ha presentado nuestro pequeño dios.

Ella alzó la vista con cierta reserva, pero una trémula sonrisa se insinuó en las comisuras de sus labios.

—¿Nos ha presentado?

—¡Naturalmente!

Por segunda vez empleaba esa expresión de certidumbre en extremo categórica, y también en esta ocasión surtió efecto, ya que al cabo de unos segundos la muchacha, con aquella actitud ligeramente regia tan característica de ella, respondió:

—Muy bien.

–¡Espléndido! –exclamó Frank con rudeza, pero la muchacha, percibiendo un quiebro en su voz, le lanzó una mirada fugaz, movida por un súbito sentimiento de compasión.

Y así nació aquella peculiar amistad. Dos veces por semana se reunían en el santuario de un pequeño ídolo pagano. Al principio restringían a él su conversación. Por así decirlo, el dios servía a la vez como paliativo y excusa para su amistad. Hablaron largo y tendido acerca de su posible procedencia. Él insistía en atribuirle un carácter en extremo sanguinario. Lo describía como el terror de su lugar de origen, con un insaciable deseo de sacrificios humanos, reverenciado por sus asustados y temblorosos adoradores. En el contraste entre su pasada grandeza y su presente insignificancia residía, según él, el patetismo de su situación.

La Dama Solitaria rechazaba de pleno esta teoría. Era en esencia un dios benévolo, sostenía. Dudaba mucho que alguna vez hubiese sido poderoso. De haberlo sido, aducía, no habría acabado en aquella sala, solo y perdido. En todo caso le parecía un pequeño dios encantador y sentía por él un gran cariño; no resistía la idea de que estuviese allí día tras día con aquellas otras horrendas y altivas deidades que se mofaban de él, ¡porque era evidente que eso hacían! Después de estos vehementes arrebatos la pequeña dama se quedaba sin aliento.

Agotado el tema, inevitablemente empezaron a hablar de sí mismos. Frank descubrió que su suposición era correcta. Ella trabajaba de institutriz para una familia de Hampstead. Él de inmediato sintió antipatía por los niños que ella tenía a su cargo: Ted, que contaba cinco años y no era *malo* sino sólo travieso; los gemelos, que *realmente* la desquiciaban; y Molly, que nunca obedecía, pero era tan adorable que no había forma de enfadarse con ella.

–Esos niños abusan de su paciencia –afirmó Frank con tono adusto y acusador.

–Ni mucho menos –replicó ella con firmeza–. Soy muy severa con ellos.

–¡Ya, ya! –dijo él, y se echó a reír.

Pero ella lo obligó a disculparse mansamente por su incredulidad.

Era huérfana, explicó la muchacha, y no tenía a nadie en el mundo.

Gradualmente Frank le habló también de su vida: de su vida oficial, que había sido muy sacrificada y moderadamente satisfactoria; y de su pasatiempo extraoficial, que era embadurnar un lienzo tras otro.

–A decir verdad, no sé nada de pintura –aclaró–. Pero siempre he presentido que algún día seré capaz de pintar algo. Dibujo bastante bien, pero me gustaría realizar una auténtica pintura. Un conocido me dijo una vez que no tenía mala técnica.

La muchacha mostró interés e insistió en conocer más detalles.

–Estoy segura de que pinta muy bien.

Frank negó con la cabeza.

–No. Últimamente he empezado varios cuadros y los he tirado todos desesperado. Siempre había creído que, cuando pudiese dedicarle tiempo, sería un juego de niños. Viví con esa idea durante años, pero lo he dejado para muy tarde, supongo, como tantas otras cosas.

–Nunca es demasiado tarde, nunca –dijo la pequeña dama con el fervor propio de los jóvenes.

Frank sonrió.

–¿Eso cree? Para algunas cosas yo sí he llegado demasiado tarde.

La pequeña dama se rió de él y lo llamó en broma Matusalén.

Empezaron a sentirse curiosamente a gusto en el Museo Británico. El fornido y cordial vigilante que rondaba las galerías era un hombre con tacto, y por lo general en cuanto la pareja aparecía, consideraba que sus arduas labores de vigilancia se requerían con urgencia en la contigua Sala Asiria.

Un día Frank tomó una audaz decisión: ¡La invitó a tomar un té!

Ella puso reparos en un primer momento.

–No tengo tiempo. No dispongo de libertad. Puedo venir algunas mañanas porque los niños reciben clases de francés.

–Tonterías –dijo Frank–. Puede permitírselo al menos un día. Pretexte que se le ha muerto una tía o un pariente lejano; lo que quiera, pero *venga*. Iremos a un pequeño salón de té que hay aquí cerca y tomaremos bollos. Adivino que le encantan los bollos.

–¡Sí, esos pequeños con pasas!

–Y recubiertos con azúcar glasé...

–¡Son tan redondos y apetitosos...!

–Los bollos tienen algo que los hace infinitamente reconfortantes –afirmó Frank Oliver con solemnidad.

Así quedaron, pues, y para la ocasión la menuda institutriz se adornó la cintura con una cara rosa de invernadero.

Últimamente Frank percibía en ella cierta tensión, cierta inquietud, y aquella tarde esa impresión se acrecentó mientras la contemplaba servir el té en la pequeña mesa de mármol.

–¿Han estado atormentándola los niños? –preguntó, solícito.

Ella movió la cabeza en un gesto de negación. Curiosamente, desde hacía un tiempo se mostraba reacia a hablar de los niños.

–*Son* buenos chicos. No me dan ningún problema.

–¿De verdad?

Su tono comprensivo pareció afligirla de manera inexplicable.

–Sí, de verdad. No es eso. Pero... pero sí estaba sola. Muy sola –admitió con voz casi suplicante.

–Sí, sí, lo sé –se apresuró a decir él, conmovido. Guardó silencio por un momento y luego añadió jovialmente–: ¿Se ha dado cuenta de que ni siquiera conoce aún mi nombre?

Ella alzó la mano en un gesto de protesta.

–No, por favor. Prefiero no saberlo. Y no me pregunte el mío. Seamos simplemente dos personas solitarias que se han encontrado y se han hecho amigas. Así es mucho más maravilloso y... y distinto.

–De acuerdo –respondió Frank lenta y pensativamente–.

En un mundo por lo demás solitario, seremos dos personas que se tienen la una a la otra.

Aquello no se correspondía exactamente con lo que ella había expresado, y pareció resultarle difícil seguir con la conversación. Poco a poco fue agachando la cabeza hasta ofrecer a la vista sólo la copa de su sombrero.

—Es muy bonito, ese sombrero —observó a fin de levantarle el ánimo.

—Lo adorné yo misma —informó ella con orgullo.

—Esa impresión me dio en cuanto lo vi —contestó Frank, inconsciente de lo poco afortunado que era el comentario.

—Me temo que no es tan elegante como pretendía.

—A mí me parece precioso —aseguró él en un gesto de lealtad.

Cayeron de nuevo en el mutismo. Por fin Frank Oliver rompió el silencio con arrojo.

—Señorita, no pensaba decírselo aún, pero no puedo contenerme. La amo. La quiero. La amo desde el instante en que la vi por primera vez allí parada con su vestido negro. Querida mía, si dos personas solitarias estuviesen juntas... en fin, terminaría la soledad. Y yo trabajaría. Trabajaría con ahínco. La pintaría a usted. Podría; sé que podría. ¡Oh, niña mía, no puedo vivir sin usted! No puedo...

Su pequeña dama no apartaba de él la mirada. Pero sus palabras fueron lo último que esperaba oír. Con voz clara y serena, dijo:

—Aquel pañuelo lo compró usted.

Frank quedó atónito ante tal demostración de perspicacia femenina, y más atónito aún por el hecho de que esgrimiese aquello contra él en ese preciso momento. Después del tiempo transcurrido, sin duda podría habérselo perdonado.

—Sí, lo compré yo —admitió con humildad—. Buscaba una excusa para dirigirme a usted. ¿Está muy enfadada? —Aguardó dócilmente sus palabras de condena.

—Creo que fue un detalle encantador de su parte —dijo la pequeña dama con vehemencia—. ¡Un detalle encantador!

—Dígame, niña mía, ¿es imposible? —prosiguió Frank con

su habitual rudeza–. Tengo ya cierta edad y sé que soy feo y tosco...

–¡No, no lo es! –lo interrumpió la Dama Solitaria–. Yo no cambiaría nada en usted, nada. Lo amo tal como es, ¿entiende? No porque me inspire lástima ni porque yo esté sola en el mundo y necesite alguien que me quiera y cuide de mí, sino porque usted es como es. ¿Lo entiende ahora?

–¿Lo dice sinceramente? –preguntó él en un susurro.

–Sí, con total sinceridad –contestó ella sin vacilar.

Enmudecieron, abrumados por la emoción y el asombro. Por fin Frank dijo ensoñadoramente:

–¡Entonces hemos encontrado el paraíso, querida mía!

–En un salón de té –respondió ella con la voz empañada por el llanto y la risa.

Pero los paraísos terrenales duran poco. La pequeña dama dejó escapar una exclamación.

–¡No sabía que era tan tarde! Debo marcharme ahora mismo.

–La acompaño a casa.

–¡No, no, *no*!

Frank no pudo vencer su resistencia y sólo la acompañó hasta la estación de metro.

–Adiós, amor mío –se despidió ella, estrechándole la mano con una intensidad que más tarde Frank recordaría.

–Adiós sólo hasta mañana –contestó él con alegría–. A las diez como de costumbre, y nos diremos nuestros nombres y contaremos nuestras historias, siendo prácticos y prosaicos.

–Adiós también... al paraíso –musitó ella.

–¡Siempre estará con nosotros, vida mía!

Ella sonrió, pero con aquella melancólica expresión de súplica que lo inquietaba y no conseguía comprender. Finalmente el implacable ascensor la apartó de su vista.

Aquellas últimas palabras le causaron un inexplicable desasosiego, pero las alejó de su mente con determinación y las sustituyó por una radiante ilusión ante lo que el día siguiente le depararía.

A las diez se hallaba ya en el museo, donde siempre. Por primera vez reparó en las malévolas miradas que le dirigían los otros ídolos. Casi daba la impresión de que conociesen algún funesto secreto que le afectaba y se regodeasen en ello. Percibía con intranquilidad la aversión que le manifestaban.

La pequeña dama se retrasaba. ¿Por qué no llegaba? El ambiente de aquel lugar empezaba a ponerlo nervioso. Nunca antes su pequeño amigo, el dios de ambos, le había parecido tan impotente como aquel día. Un pedazo de piedra inútil, aferrado a su desesperación.

Interrumpió sus pensamientos un niño de semblante astuto que se había acercado a él y lo examinaba de arriba abajo con atención. Satisfecho al parecer con el resultado de sus observaciones, le entregó una carta.

–¿Para mí?

El sobre no llevaba escrito el nombre del destinatario. Lo cogió, y el niño se escabulló con extraordinaria rapidez.

Frank Oliver leyó lentamente la carta, sin dar crédito a sus ojos. Era breve.

> Amor mío:
> Nunca podré casarme con usted. Olvide por favor que he entrado en su vida y procure perdonarme si algún daño le he causado. No intente dar conmigo, porque no lo conseguirá. Es un adiós definitivo.
> LA DAMA SOLITARIA.

Al final había una posdata, añadida obviamente en el último momento:

> Lo amo. Lo amo de verdad.

Y esa lacónica e impulsiva posdata fue su único consuelo en las semanas siguientes. De más está decir que la buscó pese a su expresa prohibición, pero todo fue en vano. Había desaparecido, y Frank no tenía el menor indicio para localizarla. En su desesperación, puso anuncios en los diarios, implorándole veladamente que, cuando menos, le aclarase el misterio, pero sus esfuerzos no obtuvieron más respuesta que el silencio. Se había ido para no volver.

Y ocurrió entonces que por primera vez en su vida fue capaz de pintar realmente. Su técnica siempre había sido buena. De pronto la aptitud y la inspiración iban de la mano.

El lienzo con el que se consagró y saltó a la fama fue expuesto en la Academia de Bellas Artes y distinguido con el galardón de mejor cuadro del año, tanto por su exquisito tratamiento del tema como por la técnica y magistral realización. Cierto grado de misterio aumentaba su interés para el gran público.

Había encontrado su fuente de inspiración por azar. Un cuento de hadas publicado en una revista había encendido su imaginación.

Narraba la historia de una afortunada princesa a quien nunca había faltado nada. Si expresaba un deseo, se cumplía de inmediato. Si formulaba una petición, le era concedida. Tenía unos padres que la querían, grandes riquezas, preciosos vestidos y joyas, esclavos siempre a punto para satisfacer sus más insignificantes antojos, alegres criadas que le hacían compañía, todo cuanto una princesa pudiese desear. Los príncipes más apuestos y ricos la cortejaban y en balde pedían su mano, dispuestos a matar cuantos dragones fuese necesario para demostrar su ferviente amor. Y sin embargo la soledad de la princesa era mayor que la del mendigo más mísero del reino.

Frank no leyó más. El destino final de la princesa no le interesaba. Se había forjado ya una imagen de la princesa colmada de placeres con un alma triste y solitaria, asqueada del bienestar, asfixiada por el lujo, anhelante en el Palacio de la Abundancia.

Comenzó a pintar con febril energía. El intenso júbilo de la creación se adueñó de él.

Representó a la princesa en su corte, reclinada en un diván. Una vistosa ambientación oriental dominaba el lienzo.

La princesa lucía un magnífico vestido con bordados de extraños colores; el cabello dorado le caía en torno al rostro, y un aro profusamente enjoyado ornaba su cabeza. Estaba rodeada de doncellas, y ante ella se postraban los príncipes con exquisitos regalos. En conjunto, la escena era un derroche de lujo y opulencia.

Sin embargo, la princesa tenía vuelto el rostro, ajena a las risas y el alborozo. Mantenía la vista fija en un lóbrego rincón donde había un objeto que parecía fuera de lugar en aquel ambiente: un pequeño ídolo de piedra gris con la cabeza entre las manos en una rara actitud de desesperación.

¿Estaba fuera de lugar? La princesa lo observaba con una expresión extrañamente compasiva, como si una creciente conciencia de su propio aislamiento arrastrase hacia allí su mirada de manera irresistible. Existía afinidad entre ellos. Aunque tenía el mundo a sus pies, estaba sola: una princesa solitaria mirando a un pequeño dios solitario.

Todo Londres habló del cuadro. Greta le escribió unas apresuradas palabras de felicitación desde Yorkshire, y la esposa de Tom Hurley en una carta le rogó: «Ven a pasar el fin de semana y conocer a una chica encantadora, gran admiradora de tu obra.» Frank Oliver soltó una sarcástica risotada y echó la carta al fuego. Le había llegado el éxito, pero ¿de qué servía? Su único anhelo era la pequeña y solitaria dama que había salido de su vida para siempre.

Aquel día se celebraba el gran premio hípico de Ascot, y el vigilante de servicio en cierta sección del Museo Británico se frotó los ojos, pensando que soñaba, pues no era normal encontrarse allí una visión propia de Ascot, con su vestido de encaje y su extraordinario sombrero, una auténtica ninfa tal como la habría concebido un genio parisino. El vigilante la contempló arrobado.

Probablemente el dios solitario no estaba tan sorprendido. Quizá a su manera había sido un dios poderoso; en todo caso, una de sus adoradoras había vuelto al redil.

La Dama Solitaria lo miraba con atención y movía los labios en un rápido susurro.

–¡Oh, pequeño y querido dios! ¡Ayúdame, querido dios! ¡Ayúdame, por favor!

Quizá el pequeño dios se sintió halagado. Quizá, caso de que en otro tiempo hubiese sido la deidad feroz e implacable que Frank Oliver imaginaba, los largos años de tedio y la influencia de la civilización habían ablandado su frío corazón de piedra. Quizá la Dama Solitaria tenía razón y en realidad era un dios benévolo. Quizá fue sólo una coincidencia. Fuera como fuese, en aquel preciso instante Frank Oliver, cabizbajo, entró lentamente desde la Sala Asiria.

Alzó la cabeza y vio a la ninfa parisina.

Un momento después la rodeaba con el brazo y escuchaba su explicación rápida y entrecortada.

–Estaba tan sola... Pero *usted* ya lo sabe; debió de leer el cuento que escribí. No habría podido pintar aquel cuadro si no lo hubiese leído... y comprendido. La princesa era yo. Lo tenía todo, y sin embargo me hallaba en una soledad indescriptible. Un día decidí visitar a una adivina y le pedí ropa prestada a mi doncella. De camino entré aquí y lo vi contemplar el pequeño dios. Así empezó todo. Aparenté ser quien no era... ¡Fue un comportamiento imperdonable! Y peor aún, seguí fingiendo, y después no me atreví a confesarle que le había mentido. Pensé que se indignaría al conocer mi engaño. No resistía la idea, así que desaparecí. Más tarde escribí el cuento, y ayer vi su cuadro. *Usted* pintó ese cuadro, ¿verdad?

Sólo los dioses conocen realmente el significado de la palabra «ingratitud». Cabe suponer que el pequeño dios solitario conocía la profunda ingratitud de la naturaleza humana. Como divinidad, se encontraba en una posición privilegiada para observarla, pero a la hora de la difícil prueba él, que había recibido en ofrenda innumerables sacrificios, se sacrificó a su vez. Renunció a sus dos únicos adoradores en aquella tierra extraña, y demostró así ser a su manera un gran dios, ya que renunció a todo lo que tenía.

A través de las rendijas de sus dedos los vio marcharse, cogidos de la mano, sin volver la vista atrás, dos personas felices que habían encontrado el paraíso y ya no lo necesitaban.

Pues ¿qué era él al fin y al cabo sino un pequeño dios solitario en tierra extraña?

EPÍLOGO

«Un dios solitario» se publicó por primera vez en *Royal Magazine* en julio de 1926. Es uno de los pocos relatos puramente románticos de Agatha Christie, y ella misma lo consideraba «de un sentimentalismo lamentable».

Sin embargo este relato tiene un especial interés, puesto que prefigura la futura pasión de Agatha Christie por la arqueología, que definió como su tema de estudio preferido en *Michael Parkinson's Confessions Album* (1973), un libro publicado con fines benéficos. Fue el común interés por la arqueología lo que la llevó a conocer a quien sería su segundo esposo, el célebre arqueólogo Max Mallowan. Después de la Segunda Guerra Mundial ella y Mallowan viajaron cada primavera durante muchos años a Nimrud, la antigua ciudad asiria, y la propia Agatha Christie presenta su visión de las excavaciones realizadas en Tell Brak, Siria, en 1937 y 1938 en *Ven y dime cómo vives* (1946), una guía entretenida e instructiva de los yacimientos y una excelente muestra de esta otra faceta de la autora. Si bien nunca escribió, por lo visto, durante las expediciones, sus experiencias le proporcionaron material para varios libros de la serie de Poirot, incluidos *Asesinato en Mesopotamia* (1936), *Poirot en Egipto,* (1937) y *Cita con la muerte* (1938), y también para la extraordinaria novela *La venganza de Nofret* (1944), ambientada en el antiguo Egipto más de dos mil años antes de Cristo.

EL ORO DE MAN

PRÓLOGO

«El oro de Man» no es un relato policiaco corriente; incluso puede que sea único en su especie. Los detectives son bastante convencionales; pero si bien se enfrentan con un asesinato especialmente brutal, la identidad del asesino no es su principal preocupación. Están mucho más interesados en desentrañar una serie de pistas sobre el paradero de un tesoro escondido, un tesoro cuya existencia no se haya confinada a la página impresa. Esto obviamente requiere alguna explicación...

El invierno de 1929, Alderman Arthur B. Crookall concibió una original idea. Crookall presidía el «Esfuerzo de Junio», un comité creado para promocionar el turismo en la isla de Man, y su idea, inspirada en las numerosas leyendas sobre los contrabandistas maneses y sus olvidados tesoros ocultos, consistía en organizar la búsqueda de un tesoro. Habría un tesoro auténtico, escondido en algún lugar de la isla, y pistas para localizarlo introducidas veladamente en el argumento de un relato policiaco. Al principio algunos miembros del comité expresaron sus reservas respecto a la propuesta de Crookall, pero finalmente fue aprobada. El comité acordó que el «Proyecto Búsqueda del Tesoro de la Isla de Man» se desarrollaría al comienzo de la temporada turística, coincidiendo con las pruebas de motociclismo del International Tourist Trophy, por entonces en su vigésimo cuarta edición, y con otros eventos anuales tales como «la coronación de la Reina de las Rosas» y la regata de medianoche.

Pero Crookall debía encontrar a alguien que escribiese el relato en que se basaría la búsqueda, ¿y quién mejor que Agatha Christie? Quizá para sorpresa de todos, y por sólo 60 libras, Agatha Christie aceptó el encargo, sin duda el más insólito de su vida. Viajó a la isla de Man a finales de abril de 1930 y se alojó en casa del vicegobernador, hasta que se vio obligada a volver a Devon para atender a su hija enferma. Agatha Christie y Crookall deliberaron sobre la búsqueda del tesoro durante varios días y visitaron algunos lugares a fin de decidir dónde esconder el tesoro y cómo presentar las pistas.

El relato resultante, «El oro de Man», se publicó en el *Daily Dispatch* a finales de mayo en cinco entregas. Cabe suponer que el comité eligió el *Daily Dispatch,* un periódico de Manchester, considerando que era el medio idóneo para hacer llegar el relato a un mayor número de posibles visitantes ingleses. «El oro de Man» se reimprimió luego en forma de folleto y se distribuyeron 250.000 ejemplares por los hoteles y pensiones de la isla. Se incluyeron cinco pistas, cada una en una entrega (su ubicación en el texto aparece marcada con una †), y cuando se aproximaba la fecha de la primera entrega, el comité «Esfuerzo de Junio» solicitó a todos los maneses la máxima «cooperación a fin de obtener la mayor publicidad posible» para la búsqueda. A más turistas, mayores ingresos, y la búsqueda se anunció también a varios centenares de maneses que habían emigrado a Estados Unidos y regresarían en junio a la isla como invitados de honor. Citando literalmente el texto publicitario de la época, era «una oportunidad para que todos los detectives aficionados pusiesen a prueba su pericia». Para competir con Juan y Fenella, se aconsejaba proveerse —al igual que ellos— de «varios buenos mapas... unas cuantas guías de la isla... un libro sobre el folklore [y] un libro sobre la historia de la isla». Las soluciones a las pistas se encuentran en el epílogo de este relato.

EL ORO DE MAN

El viejo Mylecharane a lo grande vivía.
En las colinas de Jurby su granja se hallaba
y en ella sólo tojo y hierba cana crecían,
campos dorados que con gusto su hija miraba.

Según dicen, oh padre, nada te falta,
pero la fortuna escondida sin duda la tienes.
Más oro no veo que el resplandor de la aulaga,
¿dónde, pues, lo guardas si puede saberse?

Mi oro, hija mía, en un cofre de roble escondo,
que al mar eché un día al bajar la marea.
Y allí está, un ancla de esperanza sujeta al fondo,
más seguro que en un banco y brillante como una tea.

–Me gusta esa canción –dije con ponderación cuando Fenella acabó.

–Bien está que te guste –respondió Fenella–. Habla de un antepasado nuestro, tuyo y mío, el abuelo del tío Myles. Amasó una gran fortuna con el contrabando y la escondió en algún sitio, nunca se ha sabido dónde.

La genealogía es el fuerte de Fenella. Se interesa por todos sus ascendientes. Por mi parte, tengo inclinaciones estrictamente modernas. El difícil presente y el incierto futuro absorben toda mi energía. No obstante disfruto oyendo a Fenella cantar viejas baladas de Man.

Fenella es encantadora. Somos primos y también, de vez en cuando, novios. En épocas de optimismo económico estamos prometidos. Cuando nos arrastra la subsiguiente ráfaga de pesimismo, tomamos conciencia de que no podremos casarnos en menos de diez años y rompemos.

–¿Nadie ha buscado el tesoro? –pregunté.

–Mucha gente. Pero nadie lo ha encontrado.

–Quizá nadie lo ha buscado sistemáticamente.

–El tío Myles lo ha intentado muy en serio –aseguró Fenella–. Según él, cualquiera con cierta inteligencia debería ser capaz de resolver un problema tan elemental como ése.

El comentario era muy propio del tío Myles, un viejo gruñón y excéntrico que vivía en la isla de Man y tenía una gran propensión a las afirmaciones doctrinales.

En ese preciso instante llegó el correo... ¡y con él la carta!

–¡Santo cielo! –exclamó Fenella–. Hablando del ruin de Roma... del rey, quiero decir... ¡El tío Myles ha muerto!

Tanto ella como yo habíamos visto a nuestro extravagante pariente sólo en dos ocasiones, así que no tenía sentido fingir un profundo pesar. Remitía la carta un bufete de Douglas para informarnos de que, conforme al testamento del señor Myles Mylecharane, recientemente fallecido, Fenella y yo éramos coherederos de todos sus bienes, que se reducían a una casa próxima a Douglas y una insignificante renta. Había adjunto un sobre cerrado, que por orden del señor Mylecharane debía enviarse a Fenella a su muerte. Abrimos la carta y leímos el sorprendente contenido. La reproduzco íntegramente, ya que era un documento en extremo característico:

Estimados Fenella y Juan (ya que doy por sentado que donde el uno esté, no andará muy lejos el otro, o eso cuentan las malas lenguas), quizá recordéis haberme oído decir que cualquiera con un poco de inteligencia encontraría fácilmente el tesoro que escondió el bribón de mi querido abuelo. Pues, bien, yo demostré esa inteligencia... y en recompensa obtuve cuatro cofres llenos de oro macizo. Parece un cuento de hadas, ¿verdad?

Parientes vivos me quedan sólo cuatro: vosotros dos; mi sobrino Ewan Corjeag, que según he oído es una mala pieza; y un primo, un tal doctor Fayll, de quien apenas tengo referencias, y las pocas que tengo no son todas buenas.

Os he otorgado mis propiedades en sentido estricto a ti y a Fenella, pero me siento obligado a actuar de otro modo respecto a ese «tesoro» que llegó a mis manos gracias única y exclusivamente a mi ingenio. A mi querido antepasado, creo, no le complacería que lo dejase dócilmente en herencia. Así que yo, a mi vez, he legado un pequeño problema.

Existen aún cuatro «cofres» del tesoro (aunque en una versión más moderna que las monedas o lingotes de oro), y competirán por ellos cuatro personas: mis cuatro parientes vivos. Sería más justo asignar un «cofre» a cada uno; pero el mundo hijos míos no es justo. Gana la carrera el más rápido, y a menudo el que tiene menos escrúpulos.

¿Quién soy yo para oponerme a la naturaleza? Tendréis que medir vuestra inteligencia contra la de los otros dos. Vuestras posibilidades son escasas, me temo. En este mundo la bondad y la inocencia rara vez son recompensadas. Tan convencido estoy de esto que he hecho trampa adrede. (¿Veis? Una vez más la injusticia.) La carta os llegará veinticuatro horas antes que a los otros dos. Así tendréis oportunidad de aseguraros el primer «tesoro»; si poseéis un mínimo de cerebro, veinticuatro horas de ventaja deberían bastaros.

Encontraréis las pistas que llevan a este tesoro en mi casa de Douglas. Las pistas referentes al segundo «tesoro» no se conocerán hasta que el primero haya aparecido. Por tanto, en el segundo y sucesivos casos partiréis en igualdad de condiciones. Os deseo de todo corazón el mejor resultado posible, y sería mi mayor satisfacción que os hicieseis vosotros con los cuatro «cofres»; pero por las razones que ya he aducido lo considero en extremo improbable. Recordad que el bueno de Ewan es un hombre sin escrúpulos y no se detendrá ante nada. En cuanto al doctor Richard Fayll, sé poco de él, pero sospecho que podría dar la sorpresa.

Deseándoos suerte, pero con pocas esperanzas respecto a vuestro éxito, se despide, pues, vuestro tío que os quiere,

MYLES MYLECHARANE.

Tan pronto como leímos la firma, Fenella se apartó de mí al instante.

–¿Qué pasa? –pregunté.

Fenella hojeaba rápidamente una guía telefónica.

–Debemos llegar a la isla de Man cuanto antes –dijo–. ¿Cómo se ha atrevido a decir que somos buenos, inocentes y estúpidos? ¡Yo le enseñaré! Juan, encontraremos esos cuatro «cofres», nos casaremos y viviremos felices para siempre, con Rolls Royce, lacayo y baños de mármol. Pero *debemos* marcharnos a la isla de Man ahora mismo.

Habían pasado veinticuatro horas. Al llegar a Douglas, fuimos inmediatamente a ver a los abogados, y en ese momento nos hallábamos ya en la mansión de Maughold, frente a la señora Skillicorn, el ama de llaves de nuestro difunto tío, una mujer temible que, sin embargo, se ablandó un poco ante el entusiasmo de Fenella.

–Tenía sus rarezas –dijo–. Le gustaba hacer cavilar a la gente.

Parsimoniosamente, como era su costumbre, la señora Skillicorn salió de la habitación. Regresó al cabo de unos minutos y nos entregó una hoja de papel doblada.

La desplegamos con impaciencia. Contenía un ripioso poema escrito con la apretada letra de nuestro tío.†

Cuatro puntos cardinales tiene el horizonte,
que son este, oeste, sur y norte.
Los vientos del este malos son como la peste.
Id al oeste y al norte y al sur;
pero nunca en dirección este.

–¡Oh! –exclamó Fenella, perpleja.

–¡Oh! –repetí yo con igual entonación.

La señora Skillicorn sonrió con sombrío regodeo.

–No tiene mucho sentido, ¿verdad? –comentó para gran ayuda nuestra.

–No... no sé por dónde empezar –dijo Fenella con voz lastimera.

–Empezar es siempre lo más difícil –afirmé yo con un optimismo que no sentía–. Una vez que nos pongamos manos a la obra...

La señora Skillicorn esbozó una sonrisa aún más desalentadora. Era una mujer deprimente.

–¿Puede ayudarnos? –preguntó Fenella con tono persuasivo.

–No sé nada de este absurdo asunto. No confiaba en mí, su tío. Le aconsejé que llevase su dinero al banco y se dejase de tonterías. Desconocía sus planes.

–¿Nunca salió de la casa con cofres... o algo parecido?

–No.

–¿No sabe cuándo escondió el tesoro? ¿Si fue últimamente o hace tiempo?

La señora Skillicorn negó con la cabeza.

–Bien –dije, intentando reponerme–. Hay dos posibilidades. O está escondido aquí, en la finca, o está escondido en alguna otra parte de la isla. Depende del tamaño, claro.

Fenella tuvo una súbita inspiración.

–¿Ha echado algo en falta? –inquirió–. Entre los efectos personales de mi tío, quiero decir.

–Vaya, es curioso que pregunte eso...

–¿Ha echado algo en falta, pues?

–Como le decía, es curioso que pregunte eso. Sí, unas cajas de rapé. Hay por lo menos cuatro que no encuentro por ninguna parte.

–¡Cuatro! –exclamó Fenella–. ¡Eso debe de ser! Estamos sobre la pista. Vamos a echar un vistazo al jardín.

–Ahí no hay nada –dijo la señora Skillicorn–. Si lo hubiese, yo estaría enterada. Su tío no podría haber enterrado nada en el jardín sin que yo me diese cuenta.

–En el poema se mencionan los puntos cardinales –observé–. Lo primero que necesitamos es un mapa de la isla.

–Hay uno en esa mesa –indicó la señora Skillicorn.

Fenella se apresuró a extenderlo. Mientras lo desdoblaba, un papel cayó de su interior revoloteando. Lo atrapé.

–¡Vaya! –dije–. Esto parece otra pista.

Los dos examinamos el papel con entusiasmo.

Por lo visto, era una especie de plano rudimentario. Había dibujados una cruz, un círculo y una flecha y ofrecía vagas indicaciones; pero en conjunto nada aclaraba. Lo observaron en silencio.†

–No resulta muy esclarecedor, ¿no crees? –comentó Fenella.

–Como es lógico, requiere cierto esfuerzo de interpretación –contesté–. ¿No esperarás que la solución sea evidente a primera vista?

La señora Skillicorn los interrumpió para ofrecerles algo de cenar, sugerencia que ellos aceptaron agradecidos.

–¿Y sería tan amable de prepararnos café? –rogó Fenella–. Mucho café, y muy cargado.

La señora Skillicorn les sirvió una excelente cena, tras la cual apareció una gran jarra de café.

–Y ahora manos a la obra –propuso Fenella.

–En primer lugar, conviene saber en qué dirección buscar –dije–. El plano, por lo que se ve, señala claramente hacia el noreste de la isla.

–Eso parece. Consultemos el mapa.

Estudiamos el mapa con atención.

–Todo depende de cómo se interprete –observó Fenella, volviendo sobre el plano–. ¿Representa la cruz el tesoro? ¿O es una iglesia o algo semejante? Debería haber alguna regla.

–Eso lo simplificaría demasiado.

–Sí, supongo. ¿Y por qué hay líneas a un lado del círculo y no al otro?

–No lo sé –respondí.

–¿Hay algún otro mapa por aquí?

Nos hallábamos en la biblioteca. Había varios mapas excelentes y también guías de la isla. Encontramos asimismo un libro sobre el folklore y otro sobre la historia de la isla. Leímos todo el material.

Finalmente elaboramos una posible teoría.

–En apariencia, concuerda –dijo Fenella por fin–. En ninguna otra parte se da una coincidencia así.

–En todo caso, vale la pena intentarlo –contesté–. No creo que podamos hacer nada más por esta noche. Mañana temprano alquilaremos un coche e iremos a probar suerte.

–Ya es mañana –puntualizó Fenella–. ¡Son las dos y media! ¡Qué horas!

Al amanecer estábamos ya en la carretera. Habíamos alquilado un coche sin conductor por una semana. Fenella se animaba por momentos a medida que avanzábamos por la excelente carretera, kilómetro tras kilómetro.

–Si no fuese por los otros dos, ¡qué divertido sería esto! –comentó–. Aquí es donde se corría originalmente el Derby, ¿no? Antes de que lo trasladasen a Epsom. Resulta extraño, si te paras a pensarlo.

Señalé hacia una granja y dije:

–Ahí debe de estar, si es verdad lo que dicen, el pasadizo secreto que cruza bajo el mar hasta la otra isla.

–¡Qué divertido! Me encantan los pasadizos secretos, ¿a ti no? Nos acercamos, Juan. Estoy muy nerviosa. ¡Mira que si hemos acertado!

Al cabo de cinco minutos dejamos el coche.

–Todo se encuentra en la posición prevista –observó Fenella con voz trémula.

Seguimos a pie.

–Hay seis, eso coincide. Ahora veamos entre esos dos. ¿Has traído la brújula?

Cinco minutos después nos hallábamos cara a cara, mirándonos con expresión de incrédula alegría, y en la palma de mi mano sostenía una antigua caja de rapé.

¡Lo habíamos conseguido!

Al regresar a la mansión de Maughold, la señora Skillicorn nos informó de que habían llegado dos caballeros.

Un hombre alto de cabello claro y rostro rubicundo se levantó de un sillón cuando entramos en la sala.

–¿El señor Faraker y la señorita Mylecharane? Encantado de conocerlos. Soy su pariente lejano, el doctor Fayll. Interesante juego éste, ¿no?

Pese a su actitud afable y cortés, me inspiró una inmediata antipatía. Presentí que aquel hombre era peligroso. Su actitud afable era en cierto modo *demasiado* afable, y tenía una mirada esquiva.

–Sintiéndolo mucho, tenemos malas noticias para usted –anuncié–. La señorita Mylecharane y yo hemos descubierto ya el primer «tesoro».

Encajó bien el golpe.

–Lástima, lástima. La recogida del correo debe de ser un tanto irregular en la isla. Me he puesto en marcha en cuanto he recibido la carta.

No nos atrevimos a confesar la trampa del tío Myles.

–En todo caso, empezaremos la segunda búsqueda en igualdad de condiciones –dijo Fenella.

–Estupendo. ¿Y si vemos ya esas pistas? Las guarda, creo, la eficiente señora... esto... Skillicorn, ¿no?

–No sería justo comenzar sin el señor Corjeag –se apresuró a responder Fenella–. Debemos esperarle.

–Cierto, cierto; me olvidaba. Hay que ponerse en contacto con él cuanto antes. Yo me ocuparé de eso. Ustedes dos necesitarán seguramente un descanso.

Acto seguido se marchó. Debió de resultar difícil localizar a Ewan Corjeag, ya que el doctor Fayll no telefoneó hasta casi las once de la noche. Propuso que nos reuniésemos los cuatro en la mansión de Maughold a la mañana siguiente a las diez; él acudiría con Ewan, y la señora Skillicorn nos entregaría las pistas.

–Perfecto –contestó Fenella–. Mañana a las diez.

Nos fuimos a dormir, cansados pero contentos.

A la mañana siguiente nos despertó la señora Skillicorn, que en ese momento no presentaba su pesimista serenidad de costumbre.

–¿Qué les parece? –dijo con voz entrecortada–. ¡Han entrado ladrones en la casa!

–¿Ladrones? –exclamé con incredulidad–. ¿Se han llevado algo?

–Nada, y eso es lo más extraño. Seguramente venían por la plata, pero como está bajo llave, no han podido seguir adelante.

Fenella y yo la acompañamos al lugar del hecho, que casualmente era su propia sala de estar. Sin duda la ventana había sido forzada. Sin embargo no parecía faltar nada. Aquello resultaba bastante misterioso.

–¿No sé qué podían andar buscando? –comentó Fenella.

–No es que haya un «cofre del tesoro» escondido en la casa –dije yo con ironía. De pronto una idea pasó por mi mente y me volví hacia la señora Skillicorn–. ¡Las pistas! ¿Dónde están las pistas que debía entregarnos esta mañana?

–Sí, claro... Las tengo ahí guardadas, en el primer cajón de ese mueble. –Fue a buscarlas–. ¡Válgame Dios! ¡Aquí no hay nada! ¡Han desaparecido!

–No eran ladrones –deduje–. ¡Han sido nuestros queridos parientes!

Recordé entonces la advertencia del tío Myles respecto al peligro de comportamientos poco escrupulosos. Obviamente sabía de qué hablaba. Alguien había jugado sucio.

—¡Silencio! —dijo Fenella de repente, alzando un dedo—. ¿Qué se ha oído?

El sonido que había atraído su atención se oyó de nuevo claramente. Era un gemido y procedía del exterior. Nos asomamos a la ventana. Crecían unos arbustos junto a aquella pared de la casa y no vimos nada; pero volvimos a oír el gemido y advertimos destrozos en algunos arbustos.

Rápidamente bajamos y rodeamos la casa. Encontramos primero una escalera de mano caída, prueba inequívoca del modo en que habían trepado hasta la ventana. Unos cuantos pasos más allá yacía un hombre.

Era joven y moreno. Obviamente estaba malherido, ya que tenía la cabeza en un charco de sangre. Me arrodillé junto a él.

—Hay que avisar a un médico enseguida. Me temo que está agonizando.

Enviaron de inmediato al jardinero en busca de un médico. Introduje la mano en el bolsillo interior de la chaqueta del herido y extraje un billetero. En él se leían las iniciales E. C.

—Ewan Corjeag —dijo Fenella.

El hombre abrió los ojos.

—Me he caído de la escalera... —susurró, y perdió de nuevo el conocimiento.

Cerca de su cabeza había una piedra de considerable tamaño y afiladas aristas manchada de sangre.

—Está bastante claro —observé—. La escalera ha resbalado y este hombre ha caído, golpeándose la cabeza contra esa piedra. Me temo que tiene las horas contadas, el pobre tipo.

—¿Eso crees? —preguntó Fenella con un peculiar tono de voz.

Pero en ese momento llegó el médico. Tras reconocerlo, nos comunicó que no albergaba grandes esperanzas respecto a su recuperación. Trasladamos a Ewan Corjeag a la casa y mandamos llamar a una enfermera para que lo atendiese. Nada podía hacerse, y le quedaba poco tiempo de vida.

En sus últimos momentos solicitaron nuestra presencia

en la habitación. Cuando nos hallábamos junto a su cama, abrió los ojos y parpadeó.

—Somos sus primos Juan y Fenella —dije—. ¿Podemos hacer algo por usted?

Movió débilmente la cabeza en un gesto de negación. Un susurro salió de sus labios, y me incliné a escuchar.

—¿Quieren la pista? Yo estoy acabado. No permitan que Fayll los engañe.

—Sí —contestó Fenella—. Díganosla.

Algo parecido a una sonrisa se dibujó en su rostro.

—¿Saben qué...?

De pronto ladeó la cabeza y expiró.

—Esto no me gusta —dijo súbitamente Fenella.

—¿A qué te refieres?

—Escucha con atención, Juan. Ewan robó esas pistas; admitió que se cayó de la escalera. Si es así, ¿dónde están? Hemos registrado todos sus bolsillos. Según la señora Skillicorn, estaban en tres sobres cerrados, y esos sobres no han aparecido.

—¿Y a qué conclusión has llegado, pues? —pregunté.

—Creo que Ewan tenía un cómplice, alguien que empujó la escalera para hacerlo caer. Y por otro lado está la piedra. Ewan no cayó sobre ella por accidente. Alguien la llevó hasta allí; he encontrado la marca. Le golpearon con ella intencionadamente.

—¡Pero, Fenella, estás hablando de un asesinato!

—Así es —afirmó Fenella, muy pálida—. Ha sido un asesinato. Habrás notado que el doctor Fayll no se ha presentado esta mañana a las diez. ¿Dónde está?

—¿Crees que es él el asesino?

—Sí. Está en juego el tesoro, ya lo sabes, Juan, y es mucho dinero.

—Y no tenemos la menor idea de dónde pueda estar Fayll —dije—. Es una lástima que Ewan no acabase la frase.

—Quizá esto nos sirva de algo. Lo tenía en la mano.

Me entregó una fotografía rota. †

–Probablemente es una pista –continuó Fenella–. El asesino debió de arrancársela a Ewan de la mano, sin darse cuenta de que se había dejado un trozo. Si encontrásemos la otra mitad...

–Para eso, debemos encontrar antes el segundo tesoro –dije–. Observemos la foto. Mmm. No aporta gran cosa. En medio del círculo parece haber una torre, pero es difícil identificarla.

Fenella asintió con la cabeza.

–El doctor Fayll tiene la mitad importante. Él sabe dónde buscar. Tenemos que encontrar a ese hombre, Juan, y vigilarlo. Naturalmente, le ocultaremos nuestras sospechas.

–Me pregunto en qué parte de la isla estará en estos momentos. Si supiésemos...

Volví a pensar en nuestro primo agonizante. De pronto me erguí con nuevo entusiasmo.

–Fenella –dije–. ¿Ewan no era escocés?

–No, claro que no.

–¿No lo entiendes, pues? ¿No sabes a qué se refería?

–No –contestó Fenella.

Anoté unas palabras en un papel y se lo entregué.

–¿Qué es esto?

–El nombre de unos que quizá puedan ayudarnos.

–Bellman y True. ¿Quiénes son? ¿Los abogados?

–No, se acercan más a lo que somos nosotros, detectives privados.

Y empecé a explicárselo.

–Ha venido a verlos el doctor Fayll –anunció la señora Skillicorn.

Nos miramos. Habían pasado veinticuatro horas. Por segunda vez habíamos concluido nuestra búsqueda con éxito. Para no llamar la atención viajamos en el autobús que iba al Snaefell.

–Me pregunto si sabe que lo vimos a lo lejos –susurró Fenella.

–Es extraordinario. De no ser por la pista de la fotografía...

–Silencio... y mucho cuidado, Juan. Debe de estar furioso con nosotros por haberle ganado la partida a pesar de todo.

Sin embargo el rostro del doctor Fayll no reflejaba el menor indicio de esa posible ira. Entró en el salón con la misma actitud afable y cortés de la otra vez, y sentí desvanecerse mi fe en la teoría de Fenella.

–¡Qué espantosa tragedia! –dijo–. Pobre Corjeag. Supongo que pretendía... en fin, jugar con ventaja. El castigo no se hizo esperar. Pero, bueno, apenas lo conocíamos, al pobre tipo. Se preguntarán por qué no aparecí ayer como habíamos quedado. Recibí un mensaje con indicaciones falsas, obra de Corjeag, supongo, y perdí el día entero para nada al otro lado de la isla. Y ahora, veo, ustedes dos han vuelto tranquilamente a casa. ¿Qué tal les fue?

No me pasó inadvertido el tono ansioso de su voz al formular la pregunta.

–Afortunadamente el primo Ewan consiguió hablar justo antes de morir –respondió Fenella.

Yo observaba atentamente a Fayll, y habría jurado que percibí cierta alarma en su mirada al oír las palabras de Fenella.

–¿Sí? ¿Y qué dijo? –preguntó.

–Nos dio una pista sobre el paradero del tesoro –explicó Fenella–. Sólo eso.

–¡Ah! Entiendo, entiendo. He vuelto a quedar al margen, veo; y sin embargo, curiosamente, también yo estuve en esa parte de la isla. Quizá me vieron deambulando por allí.

–Estábamos muy ocupados –contestó Fenella con tono de disculpa.

–Claro, claro. Debieron de tropezarse con el «tesoro» más o menos por casualidad. Un par de jóvenes con suerte. Y bien, ¿cuál es el paso siguiente? ¿Será la señora Skillicorn tan amable de darnos las nuevas pistas?

Pero, por lo visto, el tercer juego de pistas se hallaba en posesión de los abogados del tío Myles, y nos presentamos los tres en el bufete, donde nos entregaron los correspondientes sobres cerrados.

El contenido era simple: un mapa con una zona marcada y una hoja de instrucciones. †

El 85 fue el año en que este lugar hizo historia
Diez pasos desde el monumento hacia
el este, luego otros diez hacia
el norte. Desde allí mirad
al este. Dos árboles se
distinguen del resto. Trazad
un círculo a un metro del que
fue sagrado en esta tierra. Girad sobre él, y
al cabo de un momento, si no
perdéis de vista el castaño
de España, lo encontraréis.

–Da la impresión de que hoy andaremos estorbándonos todo el día –comentó el doctor Fayll.

Fiel a mi táctica de mantener una aparente cordialidad, le ofrecí llevarlo en nuestro coche, y él aceptó. Almorzamos en Port Erin e inmediatamente después iniciamos la búsqueda.

Me pregunté qué motivos habrían inducido a mi tío a dejar concretamente aquella pista en manos de sus abogados. ¿Había previsto acaso la posibilidad de un robo y resuelto que sólo una de las pistas debía caer en poder del ladrón?

Aquella tarde la búsqueda del tesoro tuvo su lado cómico. El área que debíamos rastrear era muy reducida, y nos veíamos continuamente. Nos observábamos con recelo, intentando adivinar si el rival se había adelantado o tenía una corazonada.

–Esto forma parte del plan del tío Myles –afirmó Fenella–. Quería que nos espiásemos y sufriésemos el martirio de pensar que la otra persona se nos anticipaba.

–Vamos, abordemos la cuestión de manera metódica –sugerí–. Como punto de partida, tenemos una pista clara: «El 85 fue el año en que este lugar hizo historia.» Consultemos los libros y tratemos de determinar ese lugar. Una vez que consigamos eso...

–Está mirando en aquel seto –me interrumpió Fenella–. ¡Dios, no lo resisto! Si lo ha encontrado...

–Atiéndeme –insistí con firmeza–. Sólo hay una manera de resolver esto: la manera correcta.

–En la isla hay muy pocos árboles, así que sería más sencillo buscar un castaño –propuso Fenella.

Prefiero no hablar de la hora siguiente. Empezábamos a sucumbir al calor y el desánimo, y sin cesar nos atormentábamos con la idea de que Fayll podía salir airoso y nosotros derrotados.

–Recuerdo una novela policiaca –comenté– en la que un personaje sumergía una hoja de papel escrita en un baño de ácido y aparecían otras palabras.

–¿Acaso crees...? ¡Pero nosotros no tenemos ácido!

–Dudo que el tío Myles nos atribuyese grandes conocimientos de química. Pero otro método es el calor vulgar y corriente...

Doblamos la esquina de un seto y nos ocultamos detrás. Rápidamente amontoné unas cuantas ramitas y les prendí fuego. Acerqué el papel a las llamas lo máximo posible y de inmediato comenzaron a formarse unos caracteres al pie de la hoja. Aparecieron sólo dos palabras.

–«Estación Kirkhill» –leyó Fenella.

En ese preciso momento Fayll dobló la esquina del seto. No pudimos adivinar si nos había oído o no; su rostro era inescrutable.

–Pero, Juan, no existe ninguna estación de Kirkhill –dijo Fenella cuando nos hubimos alejado, extendiendo simultáneamente el mapa.

–No –contesté, examinando el mapa–, pero mira esto.

Tracé una línea con un lápiz.

–¡Claro! –dijo Fenella–. Y en algún punto de esa línea...

–Precisamente.

–Ojalá supiésemos el punto exacto.

Me asaltó entonces una segunda inspiración.

–¡Lo sabemos! –afirmé, y cogí de nuevo el lápiz–. ¡Fíjate!
Fenella lanzó una exclamación.

–Es absurdo y maravilloso a la vez –dijo–. ¡Qué manera de engañarnos!

El tío Myles había sido sin duda un anciano ingenioso.

Había llegado el momento de la última pista. Ésta, nos comunicó el abogado, no se hallaba en su poder. La recibiríamos por correo en respuesta a una tarjeta postal que él mismo enviaría. No estaba autorizado a facilitarnos más información.

Nada llegó, no obstante, en la mañana prevista, y Fenella y yo nos desesperamos pensando que de algún modo Fayll había conseguido interceptar nuestra carta. Sin embargo al día siguiente, cuando por fin la recibimos, supimos la causa de la misteriosa demora y se disiparon nuestros temores. La remitente, persona al parecer de escasa cultura, explicaba en una nota:

> Estimado señor o señora:
>
> Perdone el retraso pero e estado echa un lio pero a ora ago como el señor Mylecharane me pidio no se porque y le envio este escrito entregado a mi familia ace muchos años.
>
> muy agradecida,
>
> MARY KERRUISH.

–Lleva matasellos de Bride –comenté–. Leamos ahora el «escrito entregado a mi familia».†

> Sobre una roca un cartel veréis.
> Oh, decidme qué sentido
> puede eso tener. Bien, primero (A), cerca
> encontraréis, de pronto, la luz
> que buscáis; luego (B), una casa –una
> cabaña con tejado de paja–, y no muy lejos
> un tortuoso camino. Sólo eso os digo.

–No es justo empezar por una roca –protestó Fenella–. Hay rocas por todas partes. ¿Cómo vamos a saber cuál tiene un cartel?

–Si lográsemos determinar la zona –respondí–, sería relativamente fácil encontrar la roca. Debe de haber en ella alguna marca que señale en determinada dirección, y si seguimos en esa dirección descubriremos algo escondido que arrojará luz sobre el paradero del tesoro.

–Probablemente tienes razón –dijo Fenella.

–Eso es la parte A. La nueva pista incluirá algún dato que nos permita llegar a B, la cabaña. Y el tesoro estará oculto en algún punto del camino que pasa junto a la cabaña. Pero primero obviamente debemos encontrar A.

Debido a la dificultad del paso inicial, el último problema planteado por el tío Myles resultó un auténtico rompecabezas. A Fenella corresponde el mérito de haberlo resuelto, y aun así debe decirse que tardó casi una semana. De vez en cuando coincidíamos con Fayll en nuestra búsqueda de zonas rocosas, pero era un área muy extensa.

Cuando por fin realizamos nuestro descubrimiento, ya anochecía. Era demasiado tarde, aduje, para emprender el camino hacia el lugar en cuestión. Fenella discrepó.

–¿Y si Fayll también lo averigua? –dijo–. ¿Y si nosotros esperamos hasta mañana y él sale hacia allí esta misma noche? Entonces nos daremos con la cabeza en las paredes.

De repente se me ocurrió una idea magnífica.

–Fenella, ¿aún crees que Fayll asesinó a Ewan Corjeag? –pregunté.

–Sí.

–En ese caso quizá sea ésta nuestra oportunidad de hacerlo pagar por su crimen.

–Sólo de pensar en ese hombre me dan escalofríos –dijo Fenella–. Es la maldad en persona. Cuéntame tu plan.

–Anunciaremos que sabemos dónde está A. Luego nos pondremos en marcha hacia allí. Te apuesto lo que quieras a que nos sigue. Es un lugar solitario, justo lo que le conviene. Si fingimos haber encontrado el tesoro, se pondrá en evidencia.

—¿Y entonces?

—Y entonces —respondí— se llevará una pequeña sorpresa.

Era casi medianoche. Habíamos dejado el coche a cierta distancia y avanzábamos con sigilo junto a la pared. Fenella alumbraba el camino con una potente linterna. Yo llevaba un revólver. No estaba dispuesto a correr riesgos.

De pronto Fenella se detuvo y dejó escapar un grito ahogado.

—Mira, Juan —dijo—. Le hemos encontrado. Por fin.

Permanecí desprevenido por un momento. Luego me volví instintivamente... pero era ya demasiado tarde. Fayll se hallaba a unos seis pasos de nosotros y nos apuntaba con un revólver.

—Buenas noches —dijo—. Esta vez he ganado yo. Entréguenme el tesoro, si son tan amables.

—¿Quiere que le entregue también otra cosa? —pregunté—. ¿Media fotografía que encontré en la mano de un hombre agonizante? Si no me equivoco, usted tiene la otra mitad.

Le tembló la mano.

—¿De qué habla? —gruñó.

—Se ha descubierto la verdad —dije—. Usted y Corjeag actuaron de común acuerdo. Usted empujó la escalera y le golpeó la cabeza con una piedra. La policía es más inteligente de lo que imagina, doctor Fayll.

—Así que la policía ya lo sabe, ¿eh? Pues si me han de colgar, que sea por tres asesinatos, y no sólo por uno.

—Al suelo, Fenella —grité, y en ese mismo instante se oyó la sonora detonación de su revólver.

Caímos los dos entre los brezos, y antes de que Fayll tuviese ocasión de disparar nuevamente varios agentes de uniforme salieron de detrás de la pared donde se habían escondido. Al cabo de unos minutos se llevaban a Fayll esposado.

Abracé a Fenella.

—Lo sabía —susurró con voz trémula.

—Cariño, era demasiado arriesgado —dije—. Podría haberte matado.

–Pero no lo ha conseguido. Y ahora ya sabemos dónde está el tesoro.

–¿Lo sabemos?

–Yo sí. Mira. –Escribió una palabra–. Iremos a buscarlo mañana. Allí no puede haber muchos sitios donde esconderlo, supongo.

Era mediodía.

–¡Eureka! –exclamó Fenella–. La cuarta caja de rapé. Ya las tenemos todas. El tío Myles se alegraría. Y ahora...

–Ahora –la interrumpí– nos casaremos y viviremos felices para siempre.

–Viviremos en la isla de Man –decidió Fenella.

–Y gracias al oro de Man –añadí, y me eché a reír a carcajadas de pura felicidad.

EPÍLOGO

Juan y Fenella son primos y están muy en la línea de Tommy y Tuppence Beresford, los detectives de *Matrimonio de sabuesos* (1929) y otras varias novelas posteriores. También guardan estrecha relación con los jóvenes investigadores privados de cualquiera de las primeras novelas de suspense de Agatha Christie, tales como *El secreto de Chimneys* (1925) o *Why didn't They Ask Evans?* (1934). En la realidad, al igual que en el relato, el «tesoro» se presentó en forma de cuatro cajas de rapé, cada una del tamaño de una caja de cerillas. Cada caja guardaba una moneda de Man del siglo XVIII, medio penique, con un orificio en el centro en el que llevaba atada una cinta de colores. Cada caja contenía asimismo un documento cuidadosamente plegado, escrito en tinta china con adornada letra y firmado por Alderman Crookall, donde se ordenaba a quien lo hallara que se personase de inmediato ante el secretario del ayuntamiento de Douglas, la capital de la isla de Man. Los afortunados debían presentar la caja de rapé y su contenido para cobrar el premio de 100 libras (equivalente a unas 3.000 de hoy en día). También debían mostrar algún documento que acreditase su identidad, ya que sólo se permitía participar en la búsqueda del tesoro a los visitantes; los maneses quedaban excluidos del concurso.

«Cualquiera con un poco de inteligencia encontraría fácilmente el tesoro»

El único propósito de la primera pista de «El oro de Man», la rima que empezaba con «Cuatro puntos cardinales tiene el horizonte», publicada en el *Daily Dispatch* el sábado 31 de mayo, era indicar que los cuatro tesoros estaban en el norte, el sur y el oeste de la isla pero no en el este. La pista para localizar la primera caja de rapé era de hecho la segunda pista, un plano publicado el 7 de junio. Sin embargo, para entonces el tesoro ya había sido descubierto, ya que el relato proporcionaba datos suficientes. Lo encontró un sastre de Inverness, William Shaw, que, según informó la prensa local, celebró el hallazgo echándose a correr en círculo y agitando la caja en alto, «mientras su esposa quedaba muda de la emoción durante varios minutos».

La pista más importante la ofrece Fenella al comentar que el escondite estaba cerca del lugar «donde se corría originalmente el Derby... Antes de que lo trasladasen a Epsom». Es una alusión a la famosa carrera de caballos inglesa, que en un principio se celebraba en Derbyhaven, al sureste de la isla de Man. La «otra isla» a la que, según rumores, podía llegarse a través de un «pasadizo secreto» que cruzaba bajo el mar desde una granja es fácil de identificar; se trata de la isla de St. Michael. En dicha isla, además de una ermita consagrada a san Miguel, se alza una torre circular de piedra conocida como Derby Fort, a la que la isla debe su nombre alternativo, Fort Island, y efectivamente «en ninguna otra parte se da una coincidencia así». La torre aparecía en el plano como un círculo del que salían seis líneas, que representaban los seis cañones históricos –«Hay seis»– del fortín; la ermita estaba representada por una cruz.

La pequeña caja de peltre se hallaba oculta en un saliente de roca situado en dirección noreste, tomando como punto de referencia el espacio entre los dos cañones centrales –«entre esos dos. ¿Has traído la brújula?»–; y la inicial sugerencia de Juan respecto a la dirección indicada en el plano –«señala claramente hacia el noreste de la isla»– era una pista falsa.

«Eso lo simplificaría demasiado»

La segunda caja de rapé, hecha al parecer de asta, fue hallada el 9 de junio por Richard Highton, un contratista de Lancashire. Como Fenella deja claro al peligroso doctor Fayll, las últimas palabras pronunciadas por Ewan Corjeag antes de morir, «Saben qué...», son una pista sobre el paradero del tesoro. De hecho, son el comienzo de una canción tradicional inglesa, *John Peel*, que cuenta la historia de un cazador de Cumbria; y cuando Juan comenta que «Bellman y True» es el «nombre de unos que quizá puedan ayudarnos», no se refiere a los abogados de Douglas mencionados al principio del relato, sino a los dos sabuesos de John Peel nombrados en la canción. Con estas pistas, la imagen de la foto rota, que se publicó el 9 de junio como tercera pista, no habría sido muy difícil de identificar; eran las ruinas del castillo de Peel, construido en el siglo XIV en la isla de St. Patrick, y las líneas curvas que aparecían en el lado izquierdo de la fotografía eran los arabescos del brazo de un banco de Peel Hill desde el cual podía contemplarse el castillo. La caja de rapé se hallaba oculta bajo el banco. El viaje en autobús al Snaefell, el pico más alto de la isla de Man, era una pista falsa.

«Más o menos por casualidad»

El tercer «tesoro» fue encontrado por Herbert Elliott, un ingeniero naval nacido en Man pero radicado en Liverpool. Elliott declaró después que no había leído «El oro de Man» ni estudiado siquiera las pistas, sino que simplemente había elegido un área probable donde, la mañana del 8 de julio muy temprano, se tropezó con la caja de rapé, oculta en un surco. El dato principal acerca de su paradero residía en la cuarta pista, el texto que empieza con «El 85 fue el año en que este lugar hizo historia» –publicado el 14 de junio–; con la segunda palabra de cada línea se forma el mensaje: «85 pasos este norte este del círculo sagrado cabo de España.»

El «círculo sagrado» alude al círculo de Meayll, en Mull Hill, un monumento megalítico situado a casi dos kilómetros del cabo de España (Spanish Head), la punta más meridional de la isla. Las referencias a un importante acontecimiento ocurrido en «El 85» y al castaño de España, que, según comentarios de la época, desorientaron a muchos buscadores del tesoro, eran pistas falsas. En cuanto a la «Estación Kirkhill», la pista descubierta por Juan, es cierto que no existe tal lugar, como bien observa Fenella. Sí existe, no obstante, un pueblo llamado Kirkhill, así como una estación de ferrocarril en Port Erin, donde Juan y Fenella almuerzan antes de iniciar la búsqueda. Si se traza una línea en el mapa desde Kirkhill hasta Port Erin y esa misma línea se continúa en dirección sur, finalmente atraviesa el círculo de Meayll, «el punto exacto» determinado por Juan.

«Un auténtico rompecabezas»

Por desgracia las pistas del cuarto tesoro, como había ocurrido ya con las pistas para la localización del tercero (encontrado de hecho por azar), tampoco llegaron a resolverse. La quinta y última pista, el poema que empieza con «Sobre una roca un cartel veréis», se publicó el 21 de junio, pero el 10 de julio, al cumplirse el plazo fijado para la búsqueda –que había sido prorrogado, puesto que inicialmente su finalización estaba prevista para el 30 de junio–, el alcalde de Douglas retiró el último tesoro. Dos días después, como «secuela» del relato, el *Daily Dispatch* publicó una fotografía del acto y la explicación de Agatha Christie respecto a la pista final:

En cuanto a esa última pista, aún sonrío cuando recuerdo el tiempo que perdimos buscando rocas con un cartel. La verdadera pista era en realidad muy sencilla: las palabras «seises y sietes» de la carta adjunta.*

Cogiendo las palabras sexta y séptima de cada verso del poema, se construye este mensaje: «Veréis. Punta de (A). Cerca del faro una pared.» Buscando la punta de (A), la identificamos como la punta de Ayre. Tardamos cierto tiempo en encontrar la pared en cuestión, y el tesoro no estaba allí. Había no obstante cuatro números escritos en una piedra: 2, 5, 6 y 9.

Aplicándolos al primer verso del poema, se obtiene la palabra *park*, y de hecho en la isla de Man hay un solo parque, que está en Ramsey. Rastreamos ese parque y por fin encontramos lo que buscábamos.

La cabaña con el tejado de paja era un pequeño quiosco de refrescos, y el camino que pasaba junto a él conducía hasta una pared cubierta de hiedra donde se hallaba oculta la escurridiza caja de rapé. El matasellos de Bride era una pista adicional, ya que dicho pueblo se encuentra cerca del faro de punta de Ayre, el extremo más septentrional de la isla.

Es imposible saber si «El oro de Man» sirvió realmente para promocionar el turismo en la isla. Por lo visto, en 1930 aumentó el número de visitantes respecto al año anterior, pero no está claro en qué medida puede atribuirse ese aumento a la búsqueda del tesoro. La prensa de la época revela que muchos pusieron en duda su utilidad, y en un almuerzo oficial celebrado para dar por finalizada la búsqueda Alderman Crookall respondió a las unánimes muestras de agradeci-

---

* Agatha Christie se refiere a la expresión inglesa *to be all sixes and sevens*, que aparece al principio de dicha carta y aquí se ha traducido como «estar hecha un lío». Por ésta y otras diferencias idiomáticas insalvables, no es posible adaptar al castellano de manera convincente los elementos básicos de esta pista. En esta explicación de la autora, pues, para mayor claridad traduciremos literalmente las aclaraciones correspondientes al poema, aunque no coincidan con el texto vertido en castellano. *(N. del T.)*

miento arremetiendo contra aquellos que se habían negado a dar mayor publicidad al proyecto; eran, afirmó Crookall, «unos vagos y avinagrados que no sabían más que criticar».

El hecho de que no se permitiese participar en la búsqueda a los habitantes de la isla quizá explique la general apatía, pese a que el *Daily Dispatch* ofrecía un premio de cinco guineas (unas 150 libras actuales) a los isleños en cuya casa o establecimiento se hospedasen quienes encontraran el tesoro. Puede que también fuese ésa la causa de varios actos de moderado «sabotaje», tales como la colocación de pistas y cajas de rapé falsas, o la aparición de la palabra LEVANTAR escrita con pintura en una roca bajo la que no había más que pieles de fruta.

Si bien nunca se produjo un acontecimiento semejante a la búsqueda del tesoro de la isla de Man, Agatha Christie *sí* continuó escribiendo relatos y novelas de misterio con un tema similar. Se observa con especial claridad en el desafío propuesto a Charmian Stroud y Edward Rossiter por su excéntrico tío Mathew en «Strange Jet», un relato con Miss Marple como protagonista publicado por primera vez en 1941 como «A Case of Buried Treasure» e incluido más tarde en *Miss Marple's Final Cases* (1979). Aparece también una «búsqueda» estructurada de manera análoga en *El templete de Nasse House* (1956), de la serie de Poirot.

ENTRE PAREDES BLANCAS

Fue la señora Lemprière quien descubrió la existencia de Jane Haworth. No podía ser de otro modo, naturalmente. Alguien dijo en una ocasión que la señora Lemprière era con mucho la mujer más odiada de Londres; pero eso, creo, es una exageración. Sin duda posee el don de averiguar aquello que uno más desea mantener en secreto, y lo hace con genuino talento. Es siempre por casualidad.

En este caso, habíamos estado tomando el té en el estudio de Alan Everard. Ofrecía esos tés de vez en cuando, y por lo general se quedaba de pie en un rincón, vestido con ropa muy vieja, haciendo sonar las monedas que llevaba en el bolsillo, y con un aspecto de profundo abatimiento.

Dudo que a estas alturas alguien ponga en duda aún la genialidad de Everard. Sus dos cuadros más famosos, *Color* y *El conocedor*, pertenecientes a su primera etapa, cuando todavía no era un cotizado retratista, habían sido adquiridos por el Estado el año anterior, y por una vez la elección se había hecho por unánime acuerdo. Pero en las fechas de que hablo Everard estaba aún en sus comienzos, y nos sentíamos libres de pensar que lo habíamos descubierto nosotros.

Era su esposa quien organizaba aquellas reuniones. Everard adoptaba con ella una actitud peculiar. Que la adoraba era evidente, y cabía esperarlo. Isobel era digna de adoración. Pero Everard siempre parecía sentirse en deuda con ella. Accedía a todos sus deseos, y no tanto por ternura como por una inquebrantable convicción de que tenía derecho a ello. Si nos paramos a pensar, supongo que también eso era natural.

Pues Isobel Loring había sido una auténtica celebridad. Cuando entró en sociedad, fue la debutante del año. Excepto dinero, lo tenía todo: belleza, posición, noble origen, inteligencia. Nadie esperaba que se casase por amor. No era de esa clase de chicas. En su segunda temporada en sociedad tenía tres pretendientes: el heredero a un ducado, un político con gran porvenir y un millonario sudafricano. Y de pronto, para sorpresa de todos, contrajo matrimonio con Alan Everard, un joven pintor sin un céntimo a quien nadie conocía.

Puede considerarse un tributo a su personalidad, creo, el hecho de que todo el mundo siguiese llamándola Isobel Loring. Nadie se refería a ella como Isobel Everard. Uno oía, por ejemplo: «Esta mañana he visto a Isobel Loring. Sí, acompañada de su marido, el joven Everard, el pintor.»

La gente decía que Isobel estaba «acabada». Habría «acabado» con muchos hombres, creo, ser conocidos como «el marido de Isobel Loring». Pero Everard era distinto. El olfato de Isobel para el éxito no la había engañado, al fin y al cabo. Alan Everard pintó *Color*.

Supongo que todos conocen el cuadro: un tramo de carretera con una zanja excavada; la tierra revuelta, de color rojizo; un resplandeciente trozo de tubería marrón; y el enorme peón, apoyado en su pala, tomándose un respiro, una hercúlea figura con un pantalón sucio de pana y un pañuelo rojo escarlata atado al cuello. El hombre miraba al observador desde el lienzo. Era una mirada sin inteligencia, sin esperanza, pero con una muda súplica inconsciente, la mirada de una bestia magnífica. Es un cuadro de intenso colorido, una sinfonía de tonos anaranjados y rojos. Se ha escrito mucho sobre su simbolismo, sobre lo que pretende expresar. Según el propio Alan Everard, no pretendía expresar nada. Estaba harto, declaró, de tener que contemplar cuadros de puestas de sol venecianas, y de pronto lo asaltó un repentino deseo de crear un estallido de color puramente inglés.

Después Everard obsequió al mundo una épica pintura de una taberna, *Idilio*: la calle negra bajo la lluvia; la puerta entreabierta; las luces y los vasos relucientes; el hombre con cara de zorro cruzando la puerta, pequeño, mezquino, insignificante, con los labios separados y mirada ansiosa, deseoso de olvidar.

En virtud de estos dos cuadros Everard fue proclamado el pintor de los «trabajadores». Se había hecho ya su hueco. Pero se negó a permanecer en él. Su tercera y más genial obra fue un retrato de cuerpo entero de sir Rufus Herschman. El famoso científico aparece pintado sobre un fondo de redomas, crisoles y estantes de laboratorio. El conjunto crea lo que podría denominarse un efecto cubista, pero las líneas de perspectiva resultan extrañas.

Y recientemente había terminado su cuarta obra: un retrato de su esposa. Se nos había invitado a verlo y criticarlo. Everard miraba por la ventana con expresión ceñuda; Isobel Loring se movía entre los invitados, hablando de aspectos técnicos con infalible precisión.

Expresamos nuestras opiniones. Estábamos obligados. Elogiamos la factura del satén rosa. El tratamiento de esa parte del cuadro, dijimos, era extraordinario. Nadie había pintado así el satén hasta entonces.

La señora Lemprière, que es una de las críticas de arte más inteligentes que conozco, me llevó aparte casi de inmediato.

–Georgie –dijo–, ¿cómo ha podido pintar una cosa así? No tiene vida. Es falso. Es... es deplorable.

–¿Retrato de una dama en satén rosa? –sugerí.

–Exactamente. Y sin embargo la técnica es perfecta. ¡Y la minuciosidad! Ahí hay trabajo suficiente para dieciséis lienzos.

–¿Demasiado trabajo? –sugerí.

–Quizá sea eso. Si alguna vez ha habido algo en ese cuadro, lo ha matado. Una mujer muy bella con un vestido de satén rosa. Para eso, ¿por qué no una fotografía en color?

–¿Por qué no? –convine–. ¿Cree que él es consciente?

–Claro que es consciente –aseguró la señora Lemprière con desdén–. ¿No ves que está desquiciado? Por culpa probablemente de mezclar los sentimientos y el trabajo. Ha puesto toda su alma en pintar a Isobel, porque la mujer del cuadro es Isobel, y en su esfuerzo por incluir hasta el último detalle, la ha perdido por completo. Ha sido demasiado benévolo. A veces hay que destruir la carne para llegar al alma.

Asentí reflexivamente. Desde el punto de vista físico, sir Rufus Herschman no había salido favorecido, pero Everard había logrado plasmar en el lienzo una personalidad inolvidable.

–E Isobel posee una personalidad muy fuerte –continuó la señora Lemprière.

–Quizá Everard sea incapaz de pintar a mujeres –comenté.

–Quizá –dijo la señora Lemprière pensativa–. Sí, puede que ésa sea la explicación.

Y fue entonces cuando la señora Lemprière, con su habitual talento para dar en el blanco, tiró de un cuadro que estaba apoyado contra la pared. Había unos ocho, colocados de cualquier manera y vueltos del revés. Fue pura casualidad que la señora Lemprière eligiese precisamente aquél; pero, como ya he dicho, con ella esas cosas ocurrían.

–¡Oh! –exclamó la señora Lemprière al volverlo de cara a la luz.

Estaba inacabado; de hecho, era poco más que un esbozo. La mujer, o la muchacha –no tenía más de veinticinco o veintiséis años, calculé–, se hallaba inclinada, con la barbilla sobre una mano. Dos aspectos me llamaron la atención al instante: la extraordinaria vitalidad y la asombrosa crueldad del cuadro. Everard lo había pintado con ánimo vengativo. La actitud misma con que había sido realizado era cruel: ponía de relieve cada detalle desagradable, cada ángulo pronunciado, cada rasgo vulgar. Era un estudio en marrón: vestido marrón, fondo marrón, ojos marrones... unos ojos melancólicos y anhelantes. El anhelo era de hecho la nota dominante.

La señora Lemprière lo observó en silencio por unos minutos. A continuación llamó a Everard.

–Alan –dijo–. Ven aquí. ¿Qué es esto?

Everard obedeció. Percibí un asomo de irritación que no pudo ocultar por completo.

–Es apenas un borrón –contestó–. No creo que lo acabe.

–¿Quién es la modelo? –preguntó la señora Lemprière.

Everard se mostró remiso a hablar, y su renuencia avivó aún más la curiosidad de la señora Lemprière, que siempre pensaba lo peor por principio.

–Una amiga mía. Una tal Jane Haworth.

–Nunca la he visto por aquí –dijo la señora Lemprière.

–No viene a estas reuniones. –Guardó silencio por un momento y luego añadió–: Es la madrina de Winnie.

Winnie era su hija de cinco años.

–Ya –prosiguió la señora Lemprière–. ¿Y dónde vive?

–En Battersea. En un piso.

–Ya –repitió la señora Lemprière–. ¿Y qué te ha hecho?

–¿A mí?

–A ti. Para que hayas sido tan... despiadado.

–¡Ah, eso! –dijo Everard, y se echó a reír–. Bueno, no es una belleza. Y si no lo es, no voy a pintarla como tal sólo por amistad, ¿no?

–Has hecho precisamente todo lo contrario –replicó la señora Lemprière–. Has buscado todos sus defectos para exagerarlos y deformarlos. Has intentado mostrarla ridícula, pero no lo has conseguido, hijo mío. Ese retrato, si lo acabas, tendrá vida.

Everard parecía molesto.

–Para ser un simple esbozo, no está mal –dijo, quitándole importancia–. Pero, desde luego, no tiene comparación con el retrato de Isobel. Eso es lo mejor que he pintado con diferencia. –Pronunció estas últimas palabras con tono hostil y desafiante.

Ni la señora Lemprière ni yo contestamos.

–Lo mejor con diferencia –insistió Everard.

Otros invitados se habían acercado a nosotros. También

ellos repararon en el esbozo. Se oyeron exclamaciones y comentarios. El ambiente empezó a animarse.

Ésa fue la primera noticia que tuve de Jane Haworth. Tiempo después la vería en persona... en dos ocasiones. Conocería los detalles de su vida por mediación de una de sus amigas más íntimas. Oiría hablar mucho de ella al propio Alan Everard. Ahora que los dos han muerto, considero que ha llegado el momento de desmentir algunos de los bulos que la señora Lemprière se ha dedicado a difundir con esmero. Llamen invención a parte de mi historia si lo desean; no difiere mucho de la verdad.

Cuando los invitados se marcharon, Alan Everard volvió de nuevo cara a la pared el retrato de Jane Haworth. Isobel cruzó el estudio y se detuvo junto a él.

—Todo un éxito, ¿no crees? —comentó pensativamente—. ¿O quizá no tanto?

—¿El retrato? —se apresuró a preguntar Everard.

—No, tonto. La fiesta. ¡Claro que el retrato ha sido un éxito!

—Es lo mejor que he pintado —dijo Everard agresivamente.

—Estamos prosperando —anunció Isobel—. Lady Charmington quiere que la pintes.

—¡Por Dios! —Everard frunció el entrecejo—. No soy un retratista de la alta sociedad, ya lo sabes.

—Pero lo serás. Llegarás a la cúspide.

—Ésa no es la cúspide a la que yo quiero llegar.

—Pero, Alan, cariño, ésa es la manera de hacerse de oro —adujo Isobel.

—¿Quién quiere hacerse de oro?

—Yo, quizá —dijo ella con una sonrisa.

De inmediato Everard se sintió culpable, avergonzado. Si Isobel no se hubiese casado con él, habría tenido dinero de sobra. Y lo necesitaba. Cierto grado de lujo era lo normal para ella.

–Últimamente no nos ha ido tan mal –dijo con tristeza.

–No, desde luego; pero no dejan de llegar facturas.

¡Facturas! ¡Siempre facturas!

Everard empezó a pasearse de un lado a otro del estudio.

–¡No insistas! –prorrumpió, casi como un niño caprichoso–. No quiero pintar a lady Charmington.

Isobel sonrió fugazmente. Se hallaba de pie junto al fuego sin moverse. Alan interrumpió sus febriles paseos y se acercó a ella. ¿Qué había en ella, en su calma, en su quietud, que lo atraía como un imán? Era tan hermosa... sus brazos como esculpidos en mármol, su cabello como oro puro, sus labios rojos y carnosos.

Los besó, notando cómo se apretaban contra los suyos. ¿Qué otra cosa podía importarle? ¿Qué había en Isobel que lo apaciguaba, que alejaba de su mente todas las preocupaciones? Lo atraía hasta su hermosa quietud y lo retenía allí, tranquilo y satisfecho. Adormidera y mandrágora, que lo hacían flotar a la deriva, dormido, en un lago oscuro.

–Pintaré a lady Charmington –anunció por fin–. ¿Qué más da? Me aburriré, pero al fin y al cabo los pintores tienen que comer. El pintor, la esposa del pintor, la hija del pintor... todos necesitan sustento.

–¡Niño tonto! –reprendió Isobel–. Y hablando de nuestra hija, deberías visitar a Jane alguna vez. Vino ayer, y dijo que hace meses que no te ve.

–¿Jane estuvo aquí?

–Sí. Vino a ver a Winnie.

Alan dejó de lado a Winnie.

–¿Le enseñaste tu retrato?

–Sí.

–¿Qué le pareció?

–Dijo que era magnífico.

–¡Ah! –Alan frunció el entrecejo, momentáneamente abstraído.

–La señora Lemprière sospecha que sientes alguna pasión culpable hacia Jane, creo –observó Isobel–. No dejaba de arrugar la nariz.

–¡Esa mujer! –exclamó Alan con profunda aversión–. ¡Esa mujer! Nunca piensa nada bueno. ¿Qué no pasará por su cabeza?

–En cualquier caso, *yo* estoy muy tranquila al respecto –dijo Isobel, sonriendo–. Así que ve a ver pronto a Jane.

Alan la miró. Ella se había sentado en un sofá junto al fuego. Tenía la cara vuelta hacia un lado, y la sonrisa seguía en sus labios. Y en ese momento Alan se sintió confuso, desconcertado, como si una bruma se hubiese formado en torno a él y de pronto, al disiparse, le hubiese permitido entrever un país desconocido.

Algo en su interior decía: ¿Por qué tiene tanto interés en que veas a Jane? Debe de haber una razón. Pues, tratándose de Isobel, forzosamente había una razón. Nunca actuaba por impulso; en ella, todo obedecía a un cálculo.

–¿Te cae bien Jane? –preguntó Alan de pronto.

–Es un encanto –contestó Isobel.

–Sí, pero ¿te cae bien?

–Claro. Quiere mucho a Winnie. A propósito, le gustaría llevarse a Winnie a la playa la semana que viene. No te importa, ¿verdad? Nos dejará mayor libertad en el viaje a Escocia.

–No podría ser más oportuno.

Sin duda era oportuno. En extremo oportuno. Observó a Isobel con súbito recelo. ¿Se lo había pedido *ella* a Jane? Era fácil aprovecharse de Jane.

Isobel se levantó y salió del estudio tarareando. En fin, no tenía importancia. En cualquier caso, iría a ver a Jane.

Jane Haworth vivía en la última planta de un bloque de señoriales pisos situado frente al Battersea Park. Tras subir los cuatros tramos de escalera y llamar al timbre, empezó a sentirse enojado con Jane. ¿Por qué no vivía en un sitio más accesible? Cuando, después de llamar tres veces, siguió sin recibir respuesta, su irritación fue en aumento. ¿Acaso no podía buscarse una criada capaz de atender la puerta?

De pronto se abrió, y apareció la propia Jane, sonrojada.

—¿Dónde se ha metido Alice? —preguntó Everard sin saludar siquiera.

—Pues por desgracia... en fin, hoy no se encuentra bien.

—¿Querrán decir que está borracha? —dijo Everard con severidad.

Era una lástima que Jane fuese una embustera empedernida.

—Supongo que sí —admitió Jane de mala gana.

—Déjame verla.

Everard entró en el piso, y Jane fue tras él con conmovedora docilidad. Encontró a Alice, la infractora, en la cocina. Su estado no dejaba lugar a dudas. Siguió a Jane a la sala en adusto silencio.

—Tendrás que deshacerte de esa mujer. No es la primera vez que te lo digo.

—Ya sé que me lo has dicho, Alan, pero no puedo. Olvidas que su marido está en la cárcel.

—Donde debe estar —afirmó Everard—. ¿Cuántas veces se ha emborrachado en los tres meses que lleva aquí?

—No muchas. Tres o cuatro, quizá. Se deprime, ¿sabes?

—¡Tres o cuatro! Nueve o diez se acercaría más a la verdad. ¿Cómo guisa? Fatal. ¿Te proporciona alguna ayuda o bienestar en este piso? En absoluto. ¡Por Dios, líbrate de ella mañana mismo y busca a una chica que sirva para algo!

Jane lo miró afligida.

—No lo harás —auguró Everard, hundiéndose en un enorme sillón—. Eres una sentimental sin remedio. ¿Qué es eso que he oído de que vas a llevarte a Winnie a la playa? ¿De quién ha sido la idea, tuya o de Isobel?

—Mía, por supuesto —se apresuró a responder Jane.

—Jane —dijo Everard—, si aprendieses a decir la verdad, te tendría en gran estima. Siéntate y, por lo que más quieras, no mientas al menos en los próximos diez minutos.

—¡Por favor, Alan! —protestó Jane, y se sentó.

El pintor la miró con ojo crítico por un momento. La señora Lemprière, aquella mujer, tenía razón. Había sido cruel con Jane en el esbozo de retrato. Jane poseía una belleza casi perfecta. Sus alargadas facciones configuraban un rostro puramente griego. Era su ferviente anhelo de complacer lo que le molestaba de ella. Al pintarla, se había centrado en eso, exagerándolo, había afilado la línea de su barbilla, ligeramente puntiaguda, había mostrado su cuerpo en una pose poco favorecedora.

¿Por qué? ¿Por qué le era imposible pasar cinco minutos en compañía de Jane sin experimentar una vehemente exasperación? Jane podía ser encantadora, pero era también irritante. Con ella, nunca sentía la paz y el sosiego que Isobel le infundía. Y sin embargo Jane siempre deseaba complacer, siempre estaba dispuesta a darle la razón; pero desgraciadamente era incapaz de ocultar sus verdaderos sentimientos.

Everard echó un vistazo alrededor. La decoración de la sala era propia de Jane. Por una parte, algunos objetos preciosos, auténticas joyas, como por ejemplo la pintura al esmalte de una vista de Battersea; por otra, al lado mismo, atrocidades como el jarrón pintado a mano con un motivo floral.

Cogió el jarrón.

–Jane, ¿te enfadarías mucho si tirase esto por la ventana?

–¡No, Alan, no hagas eso!

–¿Para qué quieres toda esta basura? Tienes buen gusto cuando te lo propones. ¿Cómo se te ocurre mezclar estas cosas?

–Lo sé, Alan. No es que no me dé cuenta. Pero la gente me trae regalos. Ese jarrón sin ir más lejos me lo compró en Margate la señorita Bates, y como es tan pobre, tuvo que ahorrar, y para sus medios debió de costarle un dineral, y pensó que me gustaría. Así que lo pongo en un sitio visible.

Everard guardó silencio. Siguió inspeccionando la sala. En las paredes colgaban un par de grabados... y también varias fotografías de bebés. Los bebés, al margen de lo que piensen sus madres, no siempre son fotogénicos. En cuanto alguna de sus amigas daba a luz, le mandaba una fotografía del bebé, esperando que el obsequio fuese debidamente valorado. Y Jane no las defraudaba.

–¿Quién es ese espanto de crío? –preguntó Everard, contemplando con los ojos entornados la cara regordeta de la última adquisición–. No lo había visto antes.

–Es niña –precisó Jane–. El nuevo hijo de Mary Carrington.

–¡Pobre Mary Carrington! –se burló Everard–. ¿Y querrás hacerme creer que te gusta tener ahí a esa monstruosidad mirándote todo el día?

Jane alzó el mentón.

–Es un bebé precioso. Mary es amiga mía desde hace muchos años.

–La fiel Jane –dijo Everard, sonriendo–. Así que Isobel te ha endosado a Winnie, ¿no?

–Bueno, me contó que queríais ir a Escocia, y me ofrecí encantada. No tienes inconveniente en que me lleve a Winnie, ¿verdad? En realidad, hacía tiempo que me preguntaba si permitiríais que pasase conmigo unos días, pero no me atrevía a pedirlo.

–Sí, puedes llevártela; pero me parece que es demasiada bondad por tu parte.

–Entonces, todo arreglado –dijo Jane alegremente.

Everard encendió un cigarrillo.

–¿Te enseñó Isobel el nuevo retrato? –preguntó sin aparente interés.

–Sí.

–¿Y qué te pareció?

–Es magnífico, realmente magnífico –se apresuró a contestar Jane. Se apresuró demasiado.

Alan se puso en pie de un salto. La mano con que sostenía el cigarrillo le temblaba.

–¡Maldita sea, Jane! ¡No me mientas!

–Pero, Alan, es magnífico, sin duda.

–¿No te has dado cuenta aún, Jane, de que distingo todos tus tonos de voz? Me mientes continuamente, para no herir mis sentimientos, supongo. ¿Por qué no eres sincera? ¿Crees que quiero oírte decir que algo es magnífico cuando sé tan bien como tú que no lo es? Ese condenado cuadro carece de

143

vida. Detrás no hay nada; es sólo superficie, pura y simple superficie. Me he engañado a mí mismo; sí, incluso esta tarde. He venido aquí para averiguarlo. Isobel no se da cuenta. Pero tú sí te das cuenta; siempre te das cuenta. Cuando te enseñé *Idilio*, no dijiste nada; contuviste el aliento y ahogaste una exclamación.

–Alan...

Everard no le dio oportunidad de hablar. Jane le causaba el efecto que él bien conocía. Era extraño que una criatura tan dócil fuese capaz de provocarle aquella ira intensa.

–Quizá crees que he perdido fuerza –continuó con rabia–, pero te equivocas. Puedo pintar otro cuadro tan bueno como *Idilio*, o acaso mejor. Te lo demostraré, Jane Haworth.

Salió precipitadamente del piso. A buen paso, atravesó el parque y cruzó el puente de Albert. Temblaba aún de ira y frustración. ¡Precisamente Jane! ¿Qué sabía ella de pintura? ¿Qué valor tenía su opinión? ¿Por qué le concedía tanta importancia? Pero sí le importaba. Quería pintar un cuadro que cortase la respiración a Jane. Abriría apenas la boca y el rubor cubriría sus mejillas. Miraría primero el lienzo y después a él. Probablemente no haría el menor comentario.

En medio del puente vio el cuadro que iba a pintar. La imagen lo asaltó súbitamente, surgida de la nada. La veía flotar en el aire, ¿o estaba en su cabeza?

Una lúgubre tienda de curiosidades, oscura y mohosa. Tras el mostrador, un judío, un judío de corta estatura y mirada ladina. Frente al tendero, el cliente, un hombre enorme, acicalado, opulento, abotargado, con una gran papada. Sobre ellos, en un estante, un busto de mármol blanco. La luz concentrada allí, en el rostro de mármol del muchacho, dotado de la inmortal belleza de la antigua Grecia, desdeñoso, ajeno a los trueques. El judío, el coleccionista rico, la cabeza del muchacho griego. Lo veía todo con claridad.

–*El conocedor*, así lo titularé –masculló Alan Everard cuando bajaba de la acera, librándose por muy poco de ser arrollado por un autobús que pasaba–. Sí, *El conocedor*. Yo le enseñaré a Jane.

Al llegar a casa, fue derecho al estudio. Isobel lo encontró allí, ordenando lienzos.

–Alan, no olvides que hoy cenamos con los March...

Everard movió la cabeza en un impaciente gesto de negación.

–¡Al diablo los March! Voy a trabajar. Tengo una imagen, pero debo fijarla; fijarla en el lienzo antes de que se desvanezca. Telefonéalos. Diles que me he muerto.

Isobel lo miró pensativamente por un momento y luego salió del estudio. Conocía a la perfección el arte de convivir con un genio. Fue al teléfono y dio una excusa convincente.

Miró alrededor, bostezando. Por fin se sentó ante su escritorio y empezó a escribir.

> Querida Jane:
> Muchas gracias por el cheque que he recibido hoy. Cien libras cunden mucho. Los niños acarrean un sinfín de gastos. Quieres tanto a Winnie que consideré correcto recurrir a ti. Alan, como todos los genios, sólo puede trabajar en lo que desea trabajar, y por desgracia eso no siempre da para vivir. Espero verte pronto.
> Afectuosamente,
>
> ISOBEL.

Cuando *El conocedor* estuvo terminado, unos meses después, Alan invitó a Jane a verlo. El cuadro no era exactamente como lo había concebido –ni tenía sentido esperar que así fuese–, pero se aproximaba bastante. Sentía el placer del creador. Lo había pintado y el resultado era bueno.

En esta ocasión Jane no le dijo que era magnífico. Separó los labios, y sus mejillas se sonrojaron. Miró a Alan, y él vio en sus ojos lo que deseaba ver. Jane lo sabía.

Se sentía flotar en el aire. Le había dado una lección a Jane.

Libre ya su mente del cuadro, empezó a tomar conciencia nuevamente de su entorno inmediato.

Los quince días en la costa habían sentado de maravilla a

Winnie, pero Alan advirtió con preocupación que llevaba la ropa muy raída. Se lo comentó a Isobel.

–¡Pero, Alan! ¿Es que nunca te das cuenta de nada? Me gusta que los niños vistan con sencillez; no resisto verlos engalanados.

–Una cosa es la sencillez, y otra los zurcidos y remiendos.

Isobel no contestó, pero compró un vestido nuevo a Winnie.

Dos días después Alan batallaba con la declaración de renta. Tenía frente a él su libreta de ahorros, pero necesitaba también la de Isobel. Revolvía los cajones del escritorio de su esposa cuando Winnie entró brincando en la habitación con una muñeca impresentable.

–Papá, una adivinanza. ¿A ver si lo sabes? «Entre paredes blancas como la leche; tras una cortina suave como la seda; bañado en un mar de agua clara como el cristal, y dentro una manzana dorada aparecerá.» ¿Qué es?

–Tu madre –contestó Alan distraídamente. Seguía buscando la libreta de ahorros.

–¡Pero, papá! –Winnie soltó una carcajada–. Es un *huevo*. ¿Por qué has creído que era mamá?

Alan sonrió.

–No prestaba atención –admitió–. Y por alguna razón todo eso me ha hecho pensar en mamá.

Una pared blanca como la nieve. Una cortina. Cristal. Una manzana dorada. Sí, le recordaban a Isobel. Era curioso el efecto de las palabras.

Encontró por fin la libreta de ahorros. Ordenó a Winnie imperiosamente que saliese de la habitación. Al cabo de diez minutos, alzó la vista, sobresaltado por una repentina exclamación.

–¡Alan!

–Hola, Isobel. No te he oído entrar. Por cierto, no consigo descifrar la procedencia de algunos de los ingresos de tu libreta de ahorros.

–¿Con qué derecho tocas tú mi libreta de ahorros?

Alan la miró desconcertado. Estaba furiosa. Nunca antes la había visto así.

—No sabía que fuese a molestarte.

—Pues me molesta, y mucho. No tienes por qué tocar mis cosas.

De pronto Alan se enojó también.

—Disculpa —dijo—. Pero puesto que he tocado tus cosas, quizá puedas aclarar mis dudas respecto a alguna de las entradas de tu libreta. Por lo que veo, este año se han ingresado en tu cuenta casi quinientas libras que no logro verificar. ¿De dónde han salido?

Isobel, recobrada la calma, se dejó caer en una silla.

—No hace falta que te pongas tan serio, Alan —dijo, quitándole importancia al asunto—. No me he dado a la mala vida ni nada por el estilo.

—¿De dónde ha salido ese dinero?

—De una mujer. Una amiga tuya. No es para mí; es para Winnie.

—¿Para Winnie? ¿Estás diciéndome que... ese dinero viene de Jane?

Isobel asintió con la cabeza.

—Quiere mucho a la niña. Todo lo que hace por ella le parece poco.

—Sí, pero... ese dinero debería haberse invertido en algo para que el día de mañana...

—¡Ah, no! No se trata de eso. Es para gastos corrientes, ropa y cosas así.

Alan guardó silencio por un momento. Pensaba en los vestidos de Winnie, llenos de remiendos y zurcidos.

—Además, tienes un saldo deudor, Isobel.

—¿Sí? Eso me pasa a menudo.

—Sí, pero esas quinientas libras...

—Alan, cariño, las he empleado en Winnie del modo que he considerado más conveniente. Te aseguro que Jane no tiene motivo de queja.

Alan *sí* tenía motivo de queja. Sin embargo la calma de Isobel ejercía tal poder sobre él que prefirió callar. Al fin y al cabo, siempre había sido manirrota. Si había empleado para sus propios gastos el dinero recibido para la niña, no había sido intencionadamente.

Aquel día llegó una factura pagada a nombre, por error, del señor Everard. Era de un modisto de Hanover Square y ascendía a doscientas libras. Se la entregó a Isobel sin mediar palabra. Ella le echó un vistazo, sonrió y dijo:

—¡Pobre Alan! A ti te parecerá una fortuna, supongo, pero una *debe* ir más o menos vestida.

Al día siguiente Alan visitó a Jane.

Jane se mostró tan irritante y esquiva como de costumbre. Alan decidió no hablar del asunto. Winnie era su ahijada. Las mujeres entendían de esas cosas; los hombres, no. Aunque desde luego no le entusiasmaba que Winnie tuviese vestidos por valor de quinientas libras. Pero ¿por qué no lo dejaba en manos de Jane e Isobel? Las dos se entendían a la perfección.

Alan se marchó del piso con una creciente sensación de malestar. Sabía de sobra que había eludido la única pregunta que en realidad deseaba formular: «¿Te ha pedido Isobel alguna vez dinero para Winnie?» No lo preguntó por temor a que Jane no mintiese lo bastante bien para engañarlo.

Pero estaba preocupado. Jane era pobre. Le constaba que era pobre. No debía... no debía despojarse de lo poco que tenía. Tomó la firme resolución de hablar con Isobel. Ella no se inmutó y procuró tranquilizarlo. Claro que no permitiría que Jane gastase más de lo que podía permitirse.

Un mes más tarde Jane murió.

La causa fue una gripe, seguida de una pulmonía. Nombró albacea a Alan Everard y dejó a Winnie todo lo que tenía, que no era mucho.

A Alan correspondió revisar los papeles de Jane. A ese respecto estaba todo sobradamente claro: innumerables pruebas de buenas obras, cartas de súplica, cartas de agradecimiento.

Por último encontró su diario, y con él una nota que rezaba: «Para ser leído tras mi muerte por Alan Everard. A menudo me ha reprochado que no digo la verdad. Toda la verdad está aquí.»

Así pues, Alan por fin se enteró de todo, al descubrir el único lugar donde Jane había tenido valor suficiente para ser sincera. De manera sencilla y espontánea, dejaba allí constancia de su amor por él.

No usaba un lenguaje florido ni sensiblerías; pero nada dejaba por aclarar.

«Sé que a menudo te enfadas conmigo –había escrito–. A veces todo lo que digo o hago te pone furioso. Ignoro a qué se debe, pues siempre me esfuerzo en complacerte. A pesar de todo, creo que significo algo para ti. Uno no se enfada con la gente que no le importa.»

No fue culpa de Jane que Alan encontrase otras cosas de su interés. Jane era leal, pero también descuidada; llenaba demasiado los cajones. Poco antes de morir había quemado sistemáticamente todas las cartas de Isobel. La que Alan encontró había caído detrás de un cajón. Después de leerla, comprendió el sentido de ciertos signos cabalísticos anotados en las matrices del talonario de cheques de Jane. En aquella carta en particular, Isobel apenas se molestaba en fingir que necesitaba el dinero para Winnie.

Alan permaneció largo rato sentado ante el escritorio con la mirada perdida. Finalmente se guardó el talonario en el bolsillo y salió del piso. Regresó a pie a Chelsea, consciente de la ira que crecía en su interior.

Cuando Alan llegó, Isobel no estaba en casa. Lo lamentó; tenía ya claro en su mente lo que quería decir. Fue al estudio, sacó el retrato inacabado de Jane y lo colocó en un caballete junto al retrato de Isobel en satén rosa.

La señora Lemprière tenía razón. Había vida en el retrato de Jane. Lo observó, fijándose en la mirada anhelante, en la belleza que en vano había intentado negarle. Ésa era Jane; la vitalidad, más que cualquiera de los rasgos, era Jane. Era, pensó, la persona más viva que había conocido jamás, tan viva que ni siquiera en ese momento la imaginaba muerta.

Y recordó sus otros cuadros: *Color, El idilio,* el retrato de sir Rufus Herschman. En cierto modo Jane estaba presente en todos ellos. Ella había encendido la chispa de cada uno de esos lienzos; había exasperado a Alan de tal modo que éste, en su cólera, había deseado darle una lección. ¿Y qué ocurriría en el futuro? Jane había muerto. ¿Volvería Alan a pintar un cuadro, un auténtico cuadro? Miró de nuevo el rostro anhelante del lienzo. Quizá. Jane no andaba lejos.

Oyó algo a sus espaldas y se dio media vuelta. Isobel acababa de entrar en el estudio. Para salir a cenar, se había puesto un vestido recto de color blanco que realzaba el dorado puro de su cabello.

Se detuvo, y las palabras que se disponía a pronunciar no llegaron a salir de sus labios. Observando a Alan con cautela, fue a sentarse en el diván. Aparentaba una calma absoluta.

Alan extrajo el talonario de su bolsillo.

–He estado revisando los papeles de Jane.

–¿Sí?

Alan trató de imitar su calma, de contener el temblor de su voz.

–Te proporcionaba dinero desde hacía cuatro años.

–Sí, para Winnie.

–No, no era para Winnie –replicó Alan a voz en grito–. Simulabas que era para Winnie; las dos lo simulabais. Pero sabíais muy bien, las dos, que la verdad era otra. ¿Te das cuenta de que Jane tenía que vender sus valores, que pasar apuros? ¿Y para qué? Para proveerte de ropa... de ropa que en realidad no necesitabas.

Isobel no apartaba la mirada de su rostro. Se recostó más cómodamente en los cojines, tal como habría hecho un gato persa.

–¿Qué culpa tengo yo de que Jane se privase de sus bienes más de lo que debía? –adujo–. Yo daba por sentado que podía permitírselo. Estaba loca por ti, eso no me pasó inadvertido. Otras esposas habrían puesto el grito en el cielo al ver cómo corrías a su casa y te quedabas allí horas y horas. Yo no lo hice.

—No –dijo Alan, muy pálido–. En lugar de eso, tú le hiciste pagar.

—Esos comentarios son muy ofensivos, Alan. Ten cuidado.

—¿Acaso no es verdad? ¿Por qué cedió Jane tan fácilmente a tus exigencias?

—Por amor a mí no, desde luego –contestó Isobel–. Debió de ser por amor a ti.

—Así que era eso. Pagaba por mi libertad... libertad para trabajar a mi manera. Mientras tú tuvieses dinero suficiente, me dejarías en paz, no me hostigarías para que pintase a esas horrendas mujeres.

Isobel permaneció en silencio.

—¿Y bien? –preguntó Alan, colérico.

Su displicencia lo indignaba.

Isobel miraba al suelo. Al cabo de un momento alzó la cabeza y dijo con toda tranquilidad:

—Ven aquí, Alan.

Dio unas palmadas en el diván junto a ella. Angustiado, remiso, Alan se acercó y se sentó donde Isobel le había indicado, eludiendo su mirada. Pero era consciente de su propio miedo.

—Alan.

—¿Y bien?

Estaba irascible, nervioso.

—Puede que todo lo que has dicho sea verdad –admitió Isobel–. Da igual. Yo soy así. Deseo ciertas cosas: ropa, dinero, a *ti*. Jane ha muerto, Alan.

—¿Qué quieres decir con eso?

—Jane ha muerto. Ahora me perteneces sólo a mí. Antes tenía que compartirte.

Alan se volvió hacia ella. Vio un brillo en su mirada, una mirada ávida, posesiva, que le inspiró asco y a la vez fascinación.

—Ahora eres todo mío.

Alan comprendió a Isobel como nunca antes la había comprendido.

–¿Quieres que sea tu esclavo? ¿Que pinte lo que tú quieras que pinte, que viva como tú quieras que viva, que esté siempre a merced de tus deseos?

–Llámalo como tú prefieras. Al fin y al cabo, ¿qué son las palabras?

Alan notó sus brazos alrededor del cuello, blancos, suaves, firmes como una pared. Unas palabras resonaron en su cerebro: «Paredes blancas como la leche.» Él estaba ya entre esas paredes. ¿Tenía aún alguna posibilidad de escapar? ¿Deseaba escapar?

Oyó su voz susurrarle al oído, adormidera y mandrágora.

–¿Por qué otra cosa vale la pena vivir? ¿No basta con esto? Amor... felicidad... éxito... amor...

Las paredes crecían en torno a él. «La cortina suave como la seda.» La cortina lo envolvía, sofocante, pero tan suave, tan deliciosa. Flotaban ya juntos a la deriva, en paz, en el mar de cristal. Las paredes se elevaban ya a gran altura, aislándolo de aquellas otras cosas, aquellas cosas peligrosas e inquietantes que hacían daño, que siempre hacían daño. Flotaban en el mar de cristal, la manzana dorada entre sus manos.

La luz se extinguió en el retrato de Jane.

EPÍLOGO

Al igual que muchos de los primeros relatos de Agatha Christie, «Entre paredes blancas» –publicado en *Royal Magazine* en octubre de 1925– es un tanto ambiguo. Las alusiones finales a las envolventes paredes blancas pueden interpretarse como lo que parecen ser, una descripción de los brazos de Isobel Loring cuando rodean a Alan Everard; pero ¿existe alguna otra interpretación posible? Se presta también a dudas la críptica referencia a «la manzana dorada entre sus manos»: ¿Las manos de quiénes? ¿Y qué simboliza la «manzana dorada»? Por otra parte, ¿tiene alguna significación más profunda el malentendido de Alan al responder al acertijo que le plantea Winnie? ¿Está en realidad estrangulando a su esposa al final del relato? O dado que la luz se extingue en el retrato de Jane, ¿debe pensar el lector que Alan la olvida y perdona a Isobel? ¿Y qué sabemos de la muerte de Alan? Agatha Christie no explica las circunstancias, limitándose a comentar que dio pie a desagradables rumores, que el narrador del relato pretende acallar.

A la vez, el relato se basa en uno de los temas más comunes en la obra de Agatha Christie: el eterno triángulo. Lo encontramos en distintas obras, incluidas las novelas de la serie de Poirot, *Poirot en Egipto* (1937) y *Maldad bajo el sol* (1941), estructuradas de manera análoga, y el relato «The Bloodstained Pavement», recogido en *Miss Marple y trece problemas* (1932). En *A Talent to Deceive* (1980), indiscutiblemente el mejor estudio crítico sobre Agatha Christie, Robert Barnard describe su utilización de este y otros temas corrientes como parte de sus «estrategias del engaño», es decir, su manera de orientar las simpatías (y sospechas) de los lectores en una dirección errónea mediante la manipulación de sus expectativas. Adoptó tácticas similares en sus obras de teatro, especialmente en *La ratonera* (1952).

EL MISTERIO DEL ARCÓN DE BAGDAD

Las palabras componían un sugerente titular, y así se lo dije a mi amigo, Hércules Poirot. Yo no conocía a ninguna de las partes implicadas. Por tanto, no sentía por aquello más que el desapasionado interés propio del hombre de la calle. Poirot coincidió conmigo.

–Sí, posee el sabor de lo oriental, de lo misterioso. El arcón bien podría ser una de esas falsas antigüedades que venden en Tottenham Court Road; aun así, el periodista a quien se le ocurrió llamarlo «arcón de Bagdad» tuvo una feliz inspiración. También la palabra «misterio» aparece acertadamente colocada en yuxtaposición, aunque, según parece, el caso entraña poco misterio.

–En efecto. Se trata de un asunto horrendo y macabro, pero no misterioso.

–La idea misma resulta repugnante –comenté. Me puse en pie y empecé a pasearme de un lado a otro–. El asesino mata a ese hombre, su amigo, esconde el cadáver en el arcón, y media hora más tarde baila en esa misma sala con la esposa de la víctima. ¡Increíble! Si esa mujer hubiese imaginado por un segundo...

–Cierto –dijo Poirot pensativamente–. Ese tan cacareado don, la intuición femenina, parece que en este caso ha fallado.

—Por lo visto, la fiesta continuó alegremente –proseguí con un ligero escalofrío–. Y mientras bailaban y jugaban al póquer había un hombre muerto allí mismo con ellos. La idea daría para escribir una obra de teatro.

—Ya se ha escrito –informó Poirot. Luego añadió amablemente–: Pero consuélese, Hastings. Que un tema haya sido utilizado ya una vez no es razón para no volverlo a utilizar. Escriba su obra.

Yo había cogido el periódico y examinaba la borrosa reproducción de una fotografía.

—Debe de ser una mujer hermosa –comenté lentamente–. Incluso viéndola aquí, puede uno formarse una idea.

Bajo la fotografía se leía:

UN RETRATO RECIENTE DE LA SEÑORA CLAYTON,
LA ESPOSA DEL HOMBRE ASESINADO

Poirot me quitó el periódico de las manos.

—Sí –afirmó–. Es hermosa. Sin duda es una de esas mujeres nacidas para atormentar las almas de los hombres. –Lanzando un suspiro, me devolvió el periódico–. *Dieu merci,* yo no poseo un temperamento apasionado. Gracias a eso me he librado de muchas situaciones comprometidas.

Creo recordar que no hablamos más del caso. Poirot no mostró especial interés en aquel momento. Las circunstancias eran tan claras y la ambigüedad tan mínima que no podía decirse mucho más.

Los señores Clayton y el mayor Rich eran amigos desde hacía años. El día en cuestión, el 10 de marzo, los Clayton estaban invitados a pasar la velada con el mayor Rich. Sin embargo, alrededor de las siete y media, Clayton explicó a otro amigo, un tal mayor Curtiss, con quien tomaba una copa, que había surgido un imprevisto y debía trasladarse inmediatamente a Escocia. Partiría en el tren de las ocho.

—Tengo el tiempo justo para pasar por allí y explicárselo al bueno de Jack –continuó Clayton–. Marguerita irá, por supuesto. Lo siento, pero Jack lo comprenderá.

El señor Clayton cumplió lo prometido. Llegó al piso del mayor Rich a eso de las ocho menos veinte. El mayor había salido, pero su criado, que conocía bien al señor Clayton, le sugirió que entrase y esperase. El señor Clayton contestó que no tenía tiempo, pero entraría un momento a escribir una nota. Añadió que iba camino de la estación para tomar un tren.

El criado, pues, lo acompañó a la sala de estar.

Unos cinco minutos después el mayor Rich, que debía de haber entrado sin ser oído por el criado, abrió la puerta de la sala de estar, llamó al criado y le pidió que saliese a comprarle tabaco. A su regreso, el criado entregó el tabaco a su señor, que en ese momento se hallaba solo en la sala de estar. El criado, lógicamente, pensó que el señor Clayton se había marchado.

Los invitados no tardaron en llegar. Formaban el grupo la señora Clayton, el mayor Curtiss y los señores Spence. Pasaron la velada bailando al compás de la música del gramófono y jugando al póquer. Los invitados se fueron poco después de las doce.

A la mañana siguiente el criado, cuando se disponía a limpiar la sala de estar, se sobresaltó al advertir una mancha oscura en la alfombra, debajo y enfrente de un mueble que el mayor Rich había traído de Oriente y llamaban el arcón de Bagdad.

Instintivamente el criado levantó la tapa del arcón y, horrorizado, vio dentro el cadáver doblado de un hombre con una puñalada en el corazón.

Aterrorizado, salió corriendo del piso y fue a buscar al policía más cercano. El muerto resultó ser el señor Clayton. La detención del mayor Rich se efectuó poco después. Al parecer, la defensa del mayor consistió en negarlo todo obstinadamente. Según él, no había visto al señor Clayton la noche anterior y no supo de su viaje a Escocia hasta que le informó la señora Clayton.

A eso se reducían los hechos. Naturalmente abundaban las insinuaciones e indirectas. Se ponía tal énfasis en la estrecha amistad e íntima relación entre el mayor Rich y la señora Clayton, que sólo un necio habría sido incapaz de leer entre líneas. El motivo del crimen se daba a entender claramente.

Los años de experiencia me han enseñado a considerar siempre la posibilidad de la calumnia infundada. Atendiendo a las pruebas, el supuesto motivo podía no existir siquiera. Alguna otra razón podía haber precipitado el desenlace. Pero un dato parecía claro: Rich era el asesino.

Como decía, el asunto podría haber terminado ahí, de no ser porque casualmente esa noche Poirot y yo teníamos que asistir a una fiesta ofrecida por lady Chatterton.

Poirot, pese a abominar de los compromisos sociales y proclamar su pasión por la soledad, en realidad disfrutaba enormemente de aquellas ocasiones. Convertido en el centro de atención y tratado como un gran personaje, se sentía a sus anchas.

A veces ronroneaba literalmente de satisfacción. Lo he visto recibir sin inmutarse los más vergonzosos halagos como si formase parte de sus obligaciones, y lo he oído hablar con tal engreimiento que apenas soporto la idea de poner por escrito sus palabras.

En más de una ocasión hemos discutido al respecto.

—Pero, amigo mío, yo no soy anglosajón. ¿Por qué habría de adoptar una actitud hipócrita? *Sí, sí*, eso es lo que ustedes hacen, todos ustedes. El aviador que ha conseguido realizar un vuelo difícil, el campeón de tenis..., todos se miran la nariz y susurran inaudiblemente que «no ha sido nada». Pero ¿es eso lo que piensan? Ni por un instante. Admirarían la hazaña en otra persona, y por tanto, como hombres razonables que son, la admiran en sí mismos. Sin embargo su educación les impide decirlo. Yo no soy así. El talento que poseo lo elogiaría en otro. Da la casualidad de que en mi trabajo no tengo rival. *C'est dommage!* Así las cosas, admito con entera libertad y sin hipocresía que soy un gran hombre. Poseo el orden, el método y la psicología en un grado poco común. ¡Soy, de hecho, Hércules Poirot! ¿Por qué voy a sonrojarme y balbucear y decir en voz baja que soy estúpido? Faltaría a la verdad.

–Sin duda hay un único Hércules Poirot –reconocí, no sin cierta malicia, que a Poirot afortunadamente le pasó inadvertida.

Lady Chatterton era una de las más fervientes admiradoras de Poirot. A partir de la misteriosa conducta de un pequinés, Poirot había descubierto una serie de hechos que llevaron hasta un renombrado ladrón y allanador de moradas. Desde entonces lady Chatterton no le escatimaba halagos.

Ver a Poirot en una fiesta era todo un espectáculo. Su impecable traje de etiqueta, la exquisita colocación de su corbata blanca, la exacta simetría de su cabello a ambos lados de la raya, el lustre de la gomina y el atormentado esplendor de su famoso bigote se combinaban para crear el perfecto retrato de un dandi inveterado. En momentos así era difícil tomar en serio a aquel hombrecillo.

Eran alrededor de las once y media cuando lady Chatterton se acercó a nosotros, arrancó limpiamente a Poirot de un grupo de admiradores y se lo llevó de allí; conmigo a remolque, ni que decir tiene.

–Quiero que suba al piso de arriba y entre en mi salita privada –dijo lady Chatterton con visible ansiedad tras alejarnos lo suficiente para que ningún otro invitado la oyese–. Ya sabe dónde es, monsieur Poirot. Encontrará allí a una persona que necesita su ayuda desesperadamente... y usted la ayudará, lo sé. Es una de mis mejores amigas, así que no se niegue. –Nos guiaba con paso enérgico mientras hablaba. Finalmente abrió una puerta y exclamó–: Lo he traído, Marguerita, cariño. Y hará lo que le pidas. Ayudará a la señora Clayton, ¿verdad, monsieur Poirot?

Y dando por sentada la respuesta, se retiró con el mismo brío que caracterizaba todos sus movimientos.

La señora Clayton estaba sentada en una silla junto a la ventana. Se puso en pie y se aproximó a nosotros. Vestida de riguroso luto, el negro mate de la ropa realzaba la blancura de su tez. Era una mujer de singular belleza, y tenía un aire de ingenuidad infantil que hacía irresistible su encanto.

–Alice Chatterton es un ángel –dijo–. Esto ha sido idea

de ella. Me ha asegurado que usted me ayudaría, monsieur Poirot. Naturalmente no sé si está dispuesto o no..., pero confío en que acceda.

La señora Clayton había tendido la mano, y Poirot se la había estrechado. Sin soltarla, escrutó por un momento a la mujer. Su detenida observación no resultaba en absoluto ofensiva. Podía compararse a la cordial pero escrutadora mirada de un médico famoso a un nuevo paciente al verlo entrar en su consulta.

–¿Está usted segura de que puedo ayudarla, madame? –preguntó por fin.

–Eso dice Alice.

–Sí, pero yo se lo pregunto a usted, madame.

Tenues manchas de rubor aparecieron en sus mejillas.

–No entiendo su pregunta.

–¿Qué es lo que quiere que yo haga, madame?

–¿Sabe... sabe quién soy?

–Por supuesto –contestó Poirot.

–Entonces imaginarán ya lo que voy a pedirles, monsieur Poirot, capitán Hastings. –Me complació que conociese mi identidad–. El mayor Rich *no* mató a mi marido.

–¿Por qué no?

–¿Cómo dice?

Poirot sonrió al advertir la leve turbación de la señora Clayton.

–He dicho: ¿por qué no? –repitió.

–No sé si acabo de entenderlo.

–Sin embargo, es muy sencillo. La policía, los abogados... todos le harán la misma pregunta: ¿Por qué mató el mayor Rich al señor Clayton? Yo le pregunto lo contrario, madame: ¿Por qué el mayor Rich *no* mató al señor Clayton?

–¿Quiere saber... por qué estoy tan segura? Pues... porque lo *sé.* Conozco muy bien al mayor Rich.

–Conoce muy bien al mayor Rich –repitió Poirot con tono neutro.

Una llamarada cubrió sus mejillas.

–Sí, eso es lo que dirán... lo que pensarán... ¡Ya lo sé!

—*C'est vrai.* Eso es lo que le preguntarán: ¿Cómo de bien conoce al mayor Rich? Quizá conteste usted la verdad; quizá mienta. Para una mujer es necesario mentir; es una buena arma. Pero hay tres personas, madame, a las que una mujer debe decir la verdad: su confesor, su peluquera y su detective privado... si confía en él. ¿Confía en mí, madame?

Marguerita Clayton respiró hondo.

—Sí, confío en usted —respondió. Puerilmente añadió—: Debo confiar.

—En ese caso, contésteme. ¿Cómo de bien conoce al mayor Rich?

La señora Clayton lo miró por un momento en silencio. Por fin alzó la barbilla en un gesto de desafío.

—Responderé a su pregunta. Me enamoré de Jack en cuanto lo vi, hace dos años. Últimamente creo... casi con total seguridad... que también él se ha enamorado de mí. Pero no se ha declarado.

—*Épatant!* —exclamó Poirot—. Me ha ahorrado usted un buen cuarto de hora yendo al grano sin el menor rodeo. Es usted una mujer juiciosa. Vayamos ahora a su marido. ¿Sospechaba él de sus sentimientos hacia el mayor?

—No lo sé —contestó lentamente Marguerita—. Últimamente quizá. Había cambiado de actitud. Pero tal vez eso sean sólo imaginaciones mías.

—¿Nadie más lo sabía?

—Creo que no.

—Y... discúlpeme, madame... ¿amaba usted a su marido?

Muy pocas mujeres, pienso, responderían a esa pregunta con la franqueza y sencillez de la señora Clayton. En general, tenderían a justificar sus sentimientos.

Marguerita Clayton dijo simplemente:

—No.

—*Bien.* Ya sabemos a qué atenernos. Según usted, madame, el mayor Rich no mató a su marido. Sin embargo, como bien sabe, todas las pruebas indican lo contrario. ¿Tiene constancia, personalmente, de que alguna de esas pruebas carece de validez?

–No.

–¿Cuándo le comunicó su marido que viajaría a Escocia?

–Después de comer. Dijo que era un engorro, pero tenía que ir. Por algo relacionado con el precio de la tierra, comentó.

–¿Y luego?

–Se marchó... a su club, creo. No... no volví a verlo.

–Hablemos ahora del mayor Rich. ¿Cómo se comportó aquella noche? ¿Como de costumbre?

–Sí, eso creo.

–¿No está segura?

Marguerita arrugó la frente.

–Lo noté... un poco cohibido. Conmigo, no con los demás. Pero me pareció adivinar a qué se debía. ¿Me comprende? Estoy segura de que ese cohibimiento o... o quizá sea más exacto decir ensimismamiento... no tenía nada que ver con Edward. Se sorprendió al enterarse de que Edward se había ido a Escocia, pero no de una manera exagerada.

–¿Y no recuerda ninguna otra cosa fuera de lo común en relación con aquella noche?

Marguerita reflexionó.

–No, nada en absoluto.

–¿Se... se fijó en el arcón?

Movió la cabeza en un trémulo gesto de negación.

–Ni siquiera lo recuerdo. Jugamos al póquer casi todo el tiempo.

–¿Quién ganó?

–El mayor Rich. Yo tuve muy mala suerte, y el mayor Curtiss también. Los Spence ganaron un poco; pero el principal ganador de la noche fue el mayor Rich.

–¿A qué hora terminó la velada?

–A eso de las doce y media, creo. Nos marchamos todos juntos.

–¡Ah!

Poirot se quedó en silencio, absorto en sus pensamientos.

–Lamento no poder darle más información –se disculpó la señora Clayton–. Sé que no le he dicho gran cosa.

–Sobre el presente, no. Pero ¿qué puede decirme del pasado, madame?

–¿El pasado?

–Sí. ¿No se produjeron incidentes en el pasado?

La señora Clayton se ruborizó.

¿Se refiere a aquel horrible individuo que se suicidó? No fue culpa mía, monsieur Poirot. De verdad.

–No es ese incidente en el que yo estaba pensando.

–¿Aquel duelo absurdo, pues? Pero los italianos se baten en duelo. Me alegré mucho de que aquel hombre no resultase muerto.

–Debió de ser un alivio para usted –convino Poirot con severidad.

La señora Clayton lo miraba con recelo. Poirot se acercó y le cogió la mano.

–Yo no me batiré en duelo por usted, madame –dijo–. Pero haré lo que me ha pedido. Descubriré la verdad. Y confiemos en que sus instintos sean acertados, y la verdad sea para usted una ayuda y no un perjuicio.

Interrogamos en primer lugar al mayor Curtiss. Era un hombre de unos cuarenta años, porte militar, cabello muy oscuro y rostro bronceado. Tanto él como el mayor Rich conocían a los Clayton desde hacía años. Confirmó la información ofrecida por la prensa.

Clayton y él habían tomado una copa en el club poco antes de las siete y media, y Clayton le había anunciado su intención de pasar por el piso del mayor Rich camino de Euston.

–¿Notó algo especial en el comportamiento del señor Clayton? ¿Estaba deprimido o alegre?

El mayor se detuvo a pensar. Era un hombre de habla parsimoniosa.

–Lo encontré bastante animado –respondió por fin.

–¿No mencionó alguna desavenencia entre él y el mayor Rich?

–¡No, por Dios! Eran buenos amigos.

–¿No se oponía a... la amistad entre su esposa y el mayor Rich?

Un intenso rubor cubrió el rostro del mayor.

–Ya veo que han leído esos condenados periódicos, con sus insinuaciones y mentiras. Claro que no se oponía. Pero si incluso me dijo: «Marguerita irá, por supuesto.»

–Entiendo. Hablemos ahora de la velada. ¿El comportamiento del mayor Rich fue también el habitual?

–Yo no noté ninguna diferencia.

–¿Y madame? Ella actuó también como siempre.

–Bueno –contestó el mayor–, ahora que lo pienso, estuvo muy callada, ¿sabe? Pensativa y distante.

–¿Quién llegó primero?

–Los Spence. Estaban ya allí cuando yo llegué. De hecho, yo pasé a buscar a la señora Clayton por su casa, pero ya había salido. Así que llegué con retraso.

–¿Y en qué se entretuvieron? ¿Bailaron? ¿Jugaron a las cartas?

–Un poco de cada. Primero bailamos.

–¿Eran cinco personas?

–Sí, pero no importaba, porque yo no bailo. Yo ponía los discos y los demás bailaban.

–¿Quién bailó más con quién?

–Pues la verdad es que a los Spence les gusta bailar juntos. Son unos entusiastas del baile..., conocen pasos complicados y esas cosas.

–¿Así que la señora Clayton bailó principalmente con el mayor Rich?

–Supongo.

–¿Y luego jugaron al póquer?

–Sí.

–¿Y cuándo se despidieron?

–Ah, bastante pronto. Poco después de las doce.

–¿Se marcharon todos juntos?

–Sí. De hecho, compartimos un taxi. Primero se bajó la señora Clayton, luego yo, y los Spence siguieron hasta Kensington.

A continuación visitamos a los señores Spence. Sólo encontramos en casa a la señora Spence, pero su versión de lo ocurrido durante la velada coincidió con la del mayor Curtiss, salvo por cierta causticidad al referirse a la suerte del mayor Rich en las cartas.

Unas horas antes Poirot había mantenido una conversación telefónica con el inspector Japp de Scotland Yard. Por consiguiente, cuando llegamos al piso del mayor Rich, su criado, Burgoyne, nos esperaba.

El testimonio del criado fue claro y preciso.

El señor Clayton llegó allí a las ocho menos veinte. Por desgracia, el mayor Rich acababa de salir hacía un minuto. El señor Clayton dijo que no podía esperar, porque debía tomar un tren, pero dejaría una nota. Por tanto, entró en la sala de estar para escribirla. Burgoyne no oyó entrar a su señor, ya que estaba preparándole el baño, y el mayor Rich lógicamente abrió la puerta con su propia llave. En su opinión, pasaron unos diez minutos hasta que su señor lo llamó y lo mandó a comprar tabaco. No, no entró en la sala de estar. El mayor Rich le hizo el encargo desde la puerta. Regresó con el tabaco al cabo de cinco minutos, y esta vez sí entró en la sala de estar, donde sólo se hallaba su señor, fumando de pie junto a la ventana. Su señor le preguntó si el baño estaba preparado y, al ser informado de que en efecto estaba a punto, fue a bañarse. Él, Burgoyne, no mencionó la visita del señor Clayton, dando por sentado que su señor lo había encontrado en la sala y lo había acompañado él mismo a la salida. Aquella noche su señor se comportó exactamente igual que cualquier otra. Tomó su baño, se cambió de ropa, y poco después llegaron los señores Spence, seguidos por el mayor Curtiss y la señora Clayton.

En ningún momento se le ocurrió pensar, explicó Burgoyne, que el señor Clayton podía haberse marchado antes de regresar su señor. De haber sido así, el señor Clayton habría cerrado la puerta de entrada con un golpe, y eso sin duda, aseguró el criado, lo habría oído.

Con el mismo tono impersonal, Burgoyne prosiguió con el hallazgo del cadáver. Por primera vez centré mi atención en el fatídico arcón. Se trataba de un mueble de considerable tamaño, adosado a la pared junto al armario del gramófono. Era de una madera oscura y estaba profusamente tachonado de clavos. La tapa se abría con extrema facilidad. Contemplé el interior y me estremecí. Pese a que había sido sometido a una limpieza exhaustiva, quedaban aún siniestras manchas.

De pronto Poirot profirió una exclamación.

–¿Y esos orificios...? –observó–. ¡Qué curioso! Se diría que son recientes.

Los orificios en cuestión atravesaban el panel posterior del arcón hasta la pared. Había tres o cuatro, todos de unos cinco milímetros de diámetro, y en efecto parecían recién perforados.

Poirot se inclinó para examinarlos y luego lanzó una mirada interrogativa al criado.

–Curioso por cierto, señor. No recuerdo haber visto antes esos orificios, aunque quizá estaban y no me había fijado en ellos.

–No tiene importancia –dijo Poirot.

Cerró la tapa del arcón y retrocedió unos pasos hasta hallarse de espaldas contra la ventana.

–Dígame –preguntó de pronto–. Cuando trajo el tabaco a su señor aquella noche, ¿notó algo fuera de su sitio en la sala?

Burgoyne vaciló por un instante. Luego, con cierta renuencia, contestó:

–Es curioso que pregunte eso, señor. Y ahora que lo menciona, sí había algo cambiado de sitio, ese biombo colocado ante la puerta del dormitorio para evitar la corriente de aire. Estaba un poco desplazado a la izquierda.

–¿Así? –dijo Poirot, plantándose en un abrir y cerrar de ojos junto al biombo y tirando de él. Era de piel teñida, una hermosa pieza. Tapaba parcialmente el arcón, y cuando Poirot lo ajustó, lo ocultó por completo.

–Exacto, señor –dijo el criado–. Estaba justo ahí.

–¿Y a la mañana siguiente?

–Seguía en esa posición. Lo recuerdo. Al apartarlo, vi la mancha. La alfombra se retiró para limpiarla. Por eso ahora la madera del suelo está al descubierto.

Poirot asintió con la cabeza.

–Entiendo –dijo–. Muchas gracias.

Colocó un crujiente trozo de papel en la mano del criado.

–Gracias, señor.

Cuando salimos a la calle, pregunté:

–Poirot, en cuanto al detalle del biombo, ¿es un punto en favor de Rich?

–Es un punto más en contra de él –respondió Poirot con pesar–. El biombo ocultaba el arcón, y también la mancha de la alfombra. Tarde o temprano la sangre tenía que filtrarse a través de la madera y manchar la alfombra. El biombo evitaba de momento el descubrimiento. Sí..., pero hay algo que no encaja. El criado, Hastings, el criado.

–¿Qué ocurre con el criado? Parecía un hombre muy inteligente.

–Usted lo ha dicho: muy inteligente. ¿Cómo es posible, pues, que el mayor Rich no previese que el criado descubriría el cadáver a la mañana siguiente? Inmediatamente después del crimen no tenía tiempo para nada, por supuesto. Esconde el cadáver en el arcón, coloca el biombo delante, y deja pasar la velada confiando en la suerte. Pero ¿y después de irse los invitados? Entonces obviamente sí dispone de tiempo para deshacerse del cadáver.

–Quizá tenía la esperanza de que el criado no notase la mancha –sugerí.

–Eso, *mon ami,* es absurdo. Una alfombra manchada es lo primero que nota un buen criado. Y, sin embargo, el mayor Rich, en lugar de tomar medidas, se acuesta en su cama y duerme plácidamente toda la noche. Asombrosa e interesante actitud la suya.

–Curtiss podría haber visto la mancha esa misma noche mientras cambiaba los discos –observé.

–Es improbable. El biombo debía de proyectar una oscura sombra justo sobre ese rincón. No, pero empiezo a vislumbrar algo. Sí, vagamente empiezo a vislumbrar algo.

–A vislumbrar, ¿qué?

–La posibilidad, digamos, de una explicación alternativa –contestó Poirot–. Puede que nuestra próxima visita arroje luz sobre el asunto.

Visitamos a continuación al médico que examinó el cadáver. Su testimonio fue una simple recapitulación de lo que ya había puesto por escrito en su informe. La víctima presentaba una herida en el corazón, producida por un cuchillo largo y fino semejante a un estilete. El cuchillo seguía clavado en el cuerpo. La muerte había sido instantánea. El cuchillo pertenecía al mayor Rich y solía estar sobre su escritorio. No se advertían huellas en la empuñadura. El médico deducía que había sido limpiado posteriormente o manipulado con un pañuelo. En cuanto a la hora, cabía pensar que el asesinato se había cometido entre las siete y las nueve.

–¿No podría haber muerto después de medianoche, por ejemplo? –preguntó Poirot.

–No. Imposible –respondió el médico–. A las diez como mucho, pero más probablemente entre siete y media y ocho.

Cuando regresamos a casa, Poirot dijo:

–Hay una segunda hipótesis admisible. Me pregunto si ha caído usted en la cuenta, Hastings. Para mí, es evidente, y sólo necesito conocer un último detalle para resolver definitivamente el caso.

–Estoy perdido –contesté–. No sé a qué se refiere.

–Esfuércese, Hastings. Esfuércese.

–Muy bien –dije–. A las ocho menos veinte Clayton está vivo y en perfecto estado. La última persona que lo vio con vida es Rich...

–O eso suponemos.

–¿Y no es así acaso?

–Olvida, *mon ami,* que el mayor Rich lo niega –repuso Poirot–. Ha declarado explícitamente que Clayton ya se había ido cuando él llegó.

–Pero el criado sostiene que habría oído marcharse a Clayton por el golpe de la puerta. Además, si Clayton se fue, ¿cuándo volvió? No pudo ser después de medianoche, porque el médico ha establecido de manera concluyente que para entonces llevaba ya dos horas muerto como mínimo. Eso sólo deja una posibilidad alternativa.

–¿Sí, *mon ami*?

–Que en los cinco minutos que Clayton estuvo solo en la sala, llegase otra persona y lo matase. Pero ahí cabe plantear la misma objecion. Sólo alguien con llave podía entrar sin que el criado se enterase, e igualmente el asesino, al salir, habría cerrado de golpe, con lo cual el criado lo habría oído.

–Exactamente –dijo Poirot–. Y por tanto...

–Y por tanto... nada –admití–. No veo otra solución.

–Es una lástima –masculló Poirot–. Y el caso es que está muy claro, tan claro como los ojos azules de madame Clayton.

–De verdad cree...

–Yo no creo nada... hasta que consiga demostrarlo. Una insignificante prueba más me convencerá.

Descolgó el auricular del teléfono y se puso en contacto con Japp en Scotland Yard.

Veinte minutos después nos hallábamos ante unos cuantos objetos diversos esparcidos sobre una mesa. Procedían de los bolsillos de la víctima.

Había un pañuelo, un puñado de calderilla, un billetero con tres libras y diez chelines, un par de facturas y una ajada fotografía de Marguerita Clayton. Completaban las pertenencias de la víctima una navaja de bolsillo, un lápiz de oro y una pesada herramienta de madera.

En esta última se concentró Poirot. La desenroscó y cayeron varias cuchillas de pequeño tamaño.

–Fíjese, Hastings, una barrena y todo lo demás. Con esto podrían hacerse varios agujeros en el arcón en cuestión de minutos.

–¿Aquellos agujeros que hemos visto?

–Exacto.

–¿Quiere decir que fue el propio Clayton quien perforó el arcón? –pregunté.

–*Mais, oui... mais, oui!* ¿Qué le sugerían esos agujeros? No servían para mirar a través, porque estaban en la parte trasera del arcón. ¿Para qué eran, pues? Obviamente para respirar. Pero uno no hace respiraderos para un cadáver, así que no podían ser obra del asesino. Esos orificios indican sólo una cosa: que alguien pensaba esconderse en el arcón. Y basándonos en esa hipótesis, todo lo demás resulta de pronto inteligible. El señor Clayton está celoso a causa de la relación entre su esposa y Rich. Recurre al viejísimo truco de anunciar un falso viaje. Ve salir a Rich y aprovecha para entrar en el piso. Se queda solo en la sala de estar, hace rápidamente esos agujeros y se esconde en el arcón. Su esposa estará allí esa noche. Posiblemente Rich se librará de los otros invitados; posiblemente ella se quedará cuando los otros se hayan ido, o simulará irse y volverá más tarde. Ocurra lo que ocurra, Clayton lo descubrirá. Cualquier cosa es mejor que la tortura que padece debido a sus sospechas.

–¿Cree, pues, que Rich lo mató cuando los demás se fueron? –dije–. Pero esa posibilidad la ha descartado el médico.

–Exacto. Por tanto, Hastings, tuvo que ser asesinado *durante* la velada.

–¡Pero si estaban todos en la sala!

–Precisamente –respondió Poirot con total seriedad–. ¿Se da cuenta de lo maravilloso del plan? «Estaban todos en la sala.» ¡Qué coartada! ¡Qué *sang-froid*! ¡Qué agallas! ¡Qué audacia!

–Sigo sin comprender.

–¿Quién se ponía detrás del biombo para dar cuerda al gramófono y cambiar los discos? El arcón y el gramófono están juntos, ¿recuerda? Los otros bailaban; el gramófono sonaba. Y el hombre que no baila levanta la tapa del arcón y hunde el cuchillo que acaba de esconderse en la manga, en el cuerpo del hombre oculto allí dentro.

–¡Imposible! La víctima gritaría.

–No si antes se le había administrado un narcótico.

–¿Un narcótico?

–Sí. ¿Con quién tomó Clayton una copa a las siete y media? ¡Ajá! Ahora lo comprende. ¡Curtiss! Curtiss ha alimentado las sospechas de Clayton respecto a su esposa y Rich.

Curtiss sugiere el plan: el viaje a Escocia, el arcón como escondite, el toque final del biombo colocado enfrente. Y no para que Clayton pueda levantar un poco la tapa y sentir cierto alivio; no, en realidad para que Curtiss pueda levantar la tapa sin ser visto. El plan es de Curtiss, y fíjese en su perfección, Hastings. Si Rich hubiese notado que el biombo no estaba en su sitio y lo hubiese apartado de nuevo... bueno, no importaba. El riesgo es nulo, y Curtiss siempre puede concebir otro plan. Clayton se esconde en el arcón, el suave narcótico que Curtiss le ha administrado surte efecto. Clayton pierde el conocimiento. Curtiss levanta la tapa y asesta la puñalada. Entretanto en el gramófono sigue sonando *Walking My Baby Back Home*.

Recobré el habla.

–Pero ¿por qué? ¿Por qué?

Poirot se encogió de hombros.

–¿Por qué se suicidó un hombre? ¿Por qué se batieron en duelo dos italianos? Curtiss es un individuo de temperamento apasionado y retorcido. Deseaba a Marguerita Clayton. Quitando de en medio a su marido y a Rich, caería en sus brazos, o eso creía. –Pensativamente, añadió–: Estas mujeres ingenuas e infantiles... son un verdadero peligro. ¡Pero, *mon dieu*, qué obra maestra! Me duele tener que enviar a la horca a un hombre como ése. Puede que yo sea un genio, pero eso no me impide reconocer la genialidad en los demás. Un crimen perfecto, *mon ami*. Se lo digo yo, Hércules Poirot: un crimen perfecto. *Épatant!*

EPÍLOGO

«El misterio del arcón de Bagdad», publicado por primera vez en *Strand Magazine* en enero de 1932, es la versión original de «The Mistery of the Spanish Chest», una novela corta incluida en la recopilación *El pudín de Navidad* (1960). La novela está narrada en tercera persona y Hastings no aparece.

Hércules Poirot hizo su debut en *El misterioso caso de Styles* (1920), escrito por Agatha Christie en respuesta a un desafío de su hermana, que por entonces trabajaba en una farmacia de Torquay. Cuando Poirot murió cincuenta y cinco años después en *Telón* (1975), publicado poco antes de la muerte de Agatha Christie, un misterio seguía sin resolverse: su edad. Si bien el texto original de *Telón* fue escrito unos treinta años antes, acontecimientos posteriores nos llevan a suponer que la acción de la novela publicada se desarrolla a principios de los años setenta, poco después de lo que sería su «penúltimo» caso, *Los elefantes pueden recordar* (1972). En *Telón*, Poirot parece tener entre setenta y cinco y ochenta años, de donde se desprende que en *El misterioso caso de Styles* contaba poco más de treinta. Esta novela transcurre en 1917, y en ella Poirot aparece descrito como un «hombrecillo excéntrico con aires de dandi y una notable cojera... como detective, su talento es extraordinario, y ha alcanzado grandes éxitos resolviendo algunos de los casos más desconcertantes del momento». Por otra parte, en el primer relato donde Poirot aparece, «The Adventure at the Victory Ball», recogido en *Primeros casos de Poirot* (1974), se lo presenta como «ex jefe de la policía belga». Dada su «notable cojera», es posible que Poirot se retirase por razones de salud, si bien el problema no constituyó un gran obstáculo en sus futuros casos. Sin embargo en *El misterioso caso de Styles,* el inspector James Japp, personaje incluido en otras muchas novelas posteriores, recuerda que él y Poirot colaboraron en 1904 –«el caso de la falsificación de Abercrombie»–, época en que Poirot debía de ser un adolescente si en *Telón* tenía más de ochenta años.

En septiembre de 1975 el escritor y crítico H. R. F. Keating apuntó una posible solución en un artículo aparecido con motivo de la publicación de *Telón;* según él, Poirot contaba *117* años de edad en el momento de su muerte, e insinuaba asimismo que quizá hubiese otros oscuros secretos en la vida del detective.

Quizá deba concederse la última palabra al respecto a la propia autora, quien en una entrevista realizada en 1948, comentaba prematuramente: «Ha vivido ya muchos años. Debería haberme deshecho de él. Pero nunca me han dado esa oportunidad. Mis lectores no me lo han permitido.» Esto se dijo unos cuantos años después de escribirse *Telón*, pero casi treinta años antes de publicarse.

MIENTRAS HAYA LUZ

El Ford se metía una y otra vez en las roderas con violentas sacudidas, y el tórrido sol africano caía implacablemente. A cada lado de la supuesta carretera una línea ininterrumpida de árboles y maleza subía y bajaba formando una suave ondulación hasta donde la vista alcanzaba, y ello unido al vivo color verde amarillento producía un efecto aletargante y una sensación de extraña placidez. Pocas aves rompían el profundo silencio. De pronto, en algún punto del trayecto, una serpiente cruzó la carretera, escapando a los destructivos esfuerzos del conductor con sinuosa facilidad. De pronto, en otro punto del trayecto, salió de la espesura un nativo, majestuoso y erguido; lo seguían una mujer con un niño firmemente sujeto a la ancha espalda y los enseres domésticos de una casa entera, incluida una sartén que llevaba en magnífico equilibrio sobre la cabeza.

Estas incidencias del viaje iba señalando George Crozier puntualmente a su esposa, y ésta contestaba con una monosilábica falta de atención que lo exasperaba.

Otra vez pensando en aquel tipo, dedujo, iracundo. Así solía referirse en sus adentros al primer marido de Deirdre Crozier, caído en combate durante el primer año de la guerra, y caído nada menos que en la campaña contra el África

Occidental Alemana. Quizá era normal que pensase en él, se dijo. Contempló de reojo a Deirdre, su piel clara, la tersura blanca y rosada de sus mejillas, los redondeados contornos de su figura, mucho más redondeados tal vez que en aquellos tiempos lejanos en que le había consentido pasivamente prometerse a ella, para después, con el primer sobresalto emocional de la guerra, dejarlo abandonado y casarse precipitadamente con aquel novio suyo, un muchacho enjuto y curtido por el sol, Tim Nugent.

En fin, el tipo había muerto –muerto heroicamente–, y él, George Crozier, se había casado con quien siempre había querido casarse. Ella también sentía afecto por él. ¿Cómo no iba a sentirlo si estaba siempre dispuesto a satisfacer sus deseos y tenía dinero suficiente para hacerlo? Pensó con cierta complacencia en su último obsequio, el de Kimberley, donde gracias a su amistad con uno de los directores de De Beers había podido adquirir un diamante que, en circunstancias normales, ni siquiera se habría puesto en venta, una piedra que no destacaba por su tamaño sino por su magnífico y raro color, un peculiar ámbar oscuro, casi como el oro viejo, un diamante de esos que ni en cien años podría uno encontrar. ¡Y cómo le habían brillado los ojos a Deirdre cuando se lo dio! En lo que se refería a los diamantes, todas las mujeres eran iguales.

La necesidad de sujetarse con las dos manos para no salir despedido en una sacudida, lo obligó a volver a la realidad. Protestó a gritos quizá por decimocuarta vez, con la comprensible exasperación de un hombre que posee dos Rolls Royce y los ha puesto a prueba en las carreteras de la civilización.

–¡Dios santo, qué coche! ¡Qué carretera! –continuó, furioso–. ¿Y dónde demonios está esa plantación de tabaco? Hace ya una hora que salimos de Bulawayo.

–Perdida en algún lugar de Rodesia –dijo Deirdre despreocupadamente entre dos involuntarios saltos en el aire.

Pero el chófer de color café, cuando se le preguntó, contestó que su destino se hallaba justo después del siguiente recodo de la carretera.

El administrador de la plantación, el señor Walters, los aguardaba en el porche para recibirlos con la deferencia que merecía la prominente posición de George Crozier en la Union Tobacco. Les presentó a su nuera, que guió a Deirdre por el fresco y oscuro pasillo interior hasta un dormitorio, donde podría despojarse del velo con el que siempre protegía su piel cuando viajaba en coche. Mientras desprendía los alfileres con su gracia y parsimonia habitual, recorrió con la mirada la enlucida fealdad de la austera habitación. No había allí el menor lujo, y Deirdre, que gustaba de las comodidades como un gato gusta de la leche, se estremeció ligeramente. Frente a ella, en la pared, había un texto. «¿De qué servirá a un hombre conquistar el mundo entero si pierde su alma?», preguntaba a todos los mortales sin excepción, y Deirdre, gratamente consciente de que aquella pregunta nada tenía que ver con ella, se volvió para acompañar a su tímida y silenciosa guía. Reparó sin la menor malicia en sus abultadas caderas y su vestido de algodón barato y poco favorecedor. Y luego, con muda ponderación, bajó la vista y admiró la exquisita y cara sencillez de su propio vestido de lino francés. La ropa bonita, sobre todo si la lucía ella, le infundía el júbilo del artista.

Los dos hombres la esperaban.

—¿No ha sido una molestia para usted venir, señora Crozier?

—En absoluto. Nunca había visitado una fábrica de tabaco.

Salieron a la quieta tarde rodesiana.

—Aquí están las plántulas; las trasplantamos a medida que es necesario. Fíjese...

El administrador siguió hablando con voz monótona, interrumpida de vez en cuando por las lacónicas preguntas de su marido: producción, timbrado, problemas con los trabajadores de color... Deirdre dejó de escuchar.

Aquello era Rodesia, aquella era la tierra que Tim había amado, donde ambos se reunirían cuando terminase la guerra. ¡Si no lo hubiesen matado! Como siempre que pensaba en aquello, la asaltó una honda amargura. Dos breves meses, eso era todo lo que habían tenido. Dos meses de felicidad, si es que aquella mezcla de éxtasis y dolor era la felicidad. ¿Acaso el amor equivalía alguna vez a la felicidad? ¿No acosaban el corazón del amante millares de tormentos? En ese breve período de tiempo había vivido intensamente, pero ¿había conocido en algún momento la paz, la tranquilidad, la plácida satisfacción de su actual vida? Y por primera vez admitió, un tanto a su pesar, que quizá era mejor que las cosas hubiesen terminado así.

No me habría gustado vivir aquí. No habría conseguido hacer feliz a Tim. Tal vez lo habría defraudado. George me ama, y yo lo aprecio mucho, y me trata muy bien. Y para muestra, ahí está el diamante que me regaló el otro día. Y pensando en ello, entornó los ojos de puro placer.

–Aquí es donde seleccionamos las hojas.

Walters los guió al interior de un cobertizo largo y bajo. En el suelo había enormes montones de hojas verdes, y agachados alrededor chicos negros vestidos de blanco elegían y rechazaban con dedos diestros, distribuyéndolas por tamaños y colgándolas de una larga cuerda mediante primitivas agujas. Trabajaban con alegre parsimonia, bromeando y enseñando sus blancos dientes al reír.

–Y ahora, por aquí...

Atravesaron el cobertizo y volvieron a salir a la luz del día, donde hileras de hojas se secaban al sol. Deirdre aspiró el aroma delicado, casi imperceptible, que impregnaba el aire.

Walters los condujo a otros cobertizos donde el tabaco, decolorado por el sol hasta adquirir un pálido color amarillo, se sometía al siguiente paso. A continuación había una zona más oscura, y en lo alto se balanceaban las hojas marrones, a punto para ser picadas. Allí la fragancia era más intensa, casi embriagadora, pensó Deirdre, y de pronto un extraño terror se apoderó de ella, un miedo cuya causa desconocía, que la impulsó a escapar de aquella oscuridad amenazadora y perfumada en busca del sol. Crozier advirtió su palidez.

–¿Qué te ocurre, cariño? ¿Te encuentras bien? Quizá te

ha dado demasiado el sol. Mejor será que no vengas con nosotros a las plantaciones, ¿no?

Walters, preocupado por ella, le aconsejó volver a la casa y descansar. Llamó a un hombre que estaba cerca de allí.

–Señor Arden, la señora Crozier. La señora se ha mareado un poco por el calor, Arden. Acompáñela a la casa, si es tan amable.

La momentánea sensación de vértigo pasó. Deirdre caminaba al lado de Arden. Hasta ese momento apenas lo había mirado.

–¡Deirdre!

Le dio un vuelco el corazón y se quedó inmóvil. Sólo una persona había pronunciado su nombre de aquel modo, con un ligero acento en la primera sílaba que la convertía en una caricia.

Se volvió y miró fijamente al hombre que se hallaba junto a ella. Estaba muy tostado por el sol, casi negro, cojeaba y tenía una larga cicatriz en la mejilla más cercana a ella que le alteraba la expresión. Pero lo reconoció.

–¡Tim!

Durante lo que a Deirdre se le antojó una eternidad, se miraron, mudos y temblorosos, y de pronto, sin saber cómo ni por qué, estaban el uno en brazos del otro. El tiempo volvió atrás para ellos. Al cabo de un momento se separaron, y Deirdre, consciente mientras la formulaba de la estupidez de su pregunta, dijo:

–¿No estás muerto, pues?

–No, debieron de confundirme con otro. Recibí un fuerte golpe en la cabeza, pero recobré el conocimiento y me arrastré hasta la maleza. En los meses siguientes no sé qué ocurrió, pero una tribu hospitalaria cuidó de mí, y al final recuperé mis facultades y regresé a la civilización. –Se interrumpió por un instante–. Me enteré de que llevabas seis meses casada.

–¡Oh, Tim, compréndelo, por favor! –suplicó Deirdre–. Me encontraba en una situación lamentable: la soledad... y la miseria. No me importaba ser pobre a tu lado, pero al quedarme sola no tuve el valor de resistir aquella vida sórdida.

–No te preocupes, Deirdre. Lo comprendo. Sé que siempre has tenido debilidad por los lujos. Te aparté de ellos en una ocasión... pero intentarlo una segunda vez... en fin, no me vi con fuerzas. Había quedado muy maltrecho. Apenas podía andar sin muletas. Y además estaba esta cicatriz.

–¿Crees que eso me habría importado? –lo interrumpió Deirdre con vehemencia.

–No, me consta que no. Fue una necedad. A algunas mujeres les importan esas cosas, ¿sabes? Decidí observarte a distancia. Si te veía feliz, si me parecías satisfecha con Crozier..., simplemente seguiría muerto. Y te vi. En ese momento entrabas en un gran coche. Llevabas un precioso abrigo de marta... cosas que yo nunca podría darte aunque me matase a trabajar. Ya no poseía la misma fuerza, el mismo valor, la misma confianza en mis posibilidades que había tenido antes de la guerra. Sólo me veía a mí mismo, lisiado e inútil, incapaz de ganar siquiera lo mínimo para mantenerte... y tú estabas tan hermosa, Deirdre, una reina entre las mujeres, digna de poseer pieles, joyas y ropas preciosas, los mil y un lujos que Crozier podía darte. Eso y..., bueno, el dolor de veros juntos me disuadió. Todos me creían muerto. Continuaría muerto.

–¡El dolor! –repitió Deirdre en un susurro.

–¡Pues sí, Deirdre, maldita sea, me dolió! No te culpo, no. Pero me dolió.

Se quedaron en silencio. Por fin Tim le alzó la cara y la besó con nueva ternura.

–Pero todo eso ha terminado, cariño. Ahora sólo queda decidir cómo vamos a decírselo a Crozier.

–¡Oh! –Deirdre se apartó de él bruscamente–. Yo no pensaba...

Se interrumpió al ver aparecer a Crozier y el administrador por el recodo del camino. Volviendo la cabeza hacia Tim en un rápido gesto, susurró:

–No hagas nada. Déjamelo a mí. Debo prepararlo. ¿Dónde podemos vernos mañana?

Nugent reflexionó.

–Podría ir a Bulawayo. ¿Qué te parece el café que está al

lado del Standard Bank? A las tres de la tarde no habrá apenas nadie.

Deirdre asintió con la cabeza antes de darle la espalda para reunirse con los otros dos hombres. Tim Nugent la observó con un ligero ceño. Algo en su actitud lo desconcertaba.

Deirdre permaneció muy callada en el viaje de regreso a casa. ¿Cómo se lo explicaría? ¿Cómo se lo tomaría? Una extraña debilidad pareció adueñarse de ella, así como un creciente deseo de aplazar la revelación el máximo tiempo posible. Podía dejarlo para el día siguiente. Hasta las tres de la tarde tenía tiempo de sobra.

El hotel era incómodo. Su habitación estaba en la planta baja y daba a un patio interior. Deirdre se quedó despierta hasta muy tarde aquella noche, oliendo el aire viciado y contemplando los vulgares muebles. Su mente voló al lujo de Monkton Court, entre los pinares de Surrey. Cuando la criada por fin la dejó sola, se acercó lentamente a su joyero. El diamante dorado le devolvió la mirada desde la palma de su mano.

Con un gesto casi violento, lo metió de nuevo en el joyero y bajó con fuerza la tapa. Se lo diría a George a la mañana siguiente.

Durmió mal. Tras los tupidos pliegues del mosquitero el calor era sofocante. Por la mañana se despertó pálida y apática. Se sentía incapaz de provocar una escena tan temprano.

Permaneció toda la mañana tendida en la reducida habitación, descansando. Pasaron las horas, y cuando llegó la hora del almuerzo, sintió un sobresalto. Mientras tomaban el café, George Crozier le propuso un paseo en coche hasta el Matopos.

—Hay tiempo de sobra si nos ponemos en marcha ahora mismo.

Deirdre movió la cabeza en un gesto de negación, pretextando una jaqueca, y pensó: No puedo precipitarme. Al fin y al cabo, ¿qué importa un día más o un día menos? Se lo explicaré a Tim.

Despidió a Crozier con la mano cuando se alejaba en el Ford destartalado. Luego consultó el reloj y se encaminó lentamente hacia el lugar acordado.

El café estaba vacío a aquella hora. Ocuparon una mesa y pidieron el inevitable té, que en Sudáfrica se bebe a todas horas del día y la noche. No pronunciaron palabra hasta que la camarera les sirvió y se retiró a su refugio tras unas cortinas de color rosa. Entonces Deirdre alzó la vista y se sobresaltó al detectar una expresión alerta en su mirada.

–Deirdre, ¿se lo has dicho?

Ella negó con la cabeza y se humedeció los labios, buscando en vano algo que decir.

–¿Por qué?

–No he tenido ocasión. No había tiempo.

Incluso a ella le parecieron titubeantes y poco convincentes sus palabras.

–No es eso. Hay algo más. Ayer lo sospeché. Ahora estoy seguro. ¿Qué es, Deirdre?

Negó con la cabeza, incapaz de hablar.

–Existe alguna razón por la que no quieres abandonar a George Crozier, por la que no quieres volver a mí. ¿Cuál es?

Era verdad. Al oírselo decir, supo que era verdad, lo supo con repentina y abrasadora vergüenza, pero lo supo sin la menor sombra de duda. Y Tim mantenía en ella su escrutadora mirada.

–¡No es porque lo ames! No lo amas. Pero hay algo.

Dentro de un momento lo verá, pensó Deirdre. ¡Dios mío, no se lo permitas!

De repente Tim palideció.

–Deirdre... ¿no... no estarás esperando un hijo?

Al instante vio la oportunidad que le brindaba. ¡Una escapatoria perfecta! Lentamente, casi sin voluntad propia, bajó la cabeza.

Oyó la respiración acelerada de Tim, y luego su voz aguda y severa.

–Eso cambia las cosas. No lo sabía. Tenemos que buscar otra solución. –Se inclinó sobre la mesa y le cogió las manos–. Deirdre, cariño, no se te ocurra pensar que tienes tú la culpa de algo. Pase lo que pase, recuerda estas palabras. Debería haberte reclamado como esposa cuando regresé a Inglaterra. Me arredré, así que ahora me corresponde a mí arreglar la situación. Pase lo que pase, conserva la calma, cariño. Tú no tienes la culpa de nada.

Se llevó las manos de Deirdre a los labios, primero una, luego otra. Después se quedó sola, contemplando el té, intacto en la taza. Y curiosamente sólo vio una cosa: un texto de chillones colores colgado en una pared enlucida. «De qué servirá a un hombre...» Se levantó, pagó el té y se marchó.

Cuando George Crozier volvió a casa, le informaron de que su esposa había pedido que no la molestasen. Tenía una jaqueca terrible, explicó la criada.

Eran las nueve de la mañana siguiente cuando entró en la habitación de Deirdre con expresión sombría. Ella estaba sentada en la cama. Se la veía pálida y ojerosa, pero le brillaban los ojos.

–George, tengo que decirte algo, algo horrible...

–Así que te has enterado –la interrumpió él–. Temía que pudiese alterarte.

–¿Alterarme?

–Sí. Hablaste con ese pobre hombre el otro día.

George vio que Deirdre se llevaba la mano al corazón y parpadeaba. Luego, con una voz susurrante y atropellada que le causó cierta inquietud, Deirdre dijo:

–No me he enterado de nada. Cuéntame.

–Pensaba...

–¡Cuéntamelo!

–Ha sido en la plantación de tabaco. El tipo se ha pegado un tiro. En la guerra sufrió graves heridas, y debía tener los nervios destrozados, supongo. No tiene otra explicación.

–Se ha pegado un tiro... en el cobertizo oscuro donde estaba colgado el tabaco. –Hablaba con certidumbre, con mirada de sonámbula, y veía ante sí, en la fragante oscuridad, una figura tendida en el suelo, revólver en mano.

—Sí, exacto; donde ayer empezaste a encontrarte mal. ¡Es extraño!

Deirdre no contestó. Vio otra imagen, una mesa con tazas de té, y una mujer bajando la cabeza en aceptación de una mentira.

—En fin, la guerra ha causado muchas desgracias –dijo Crozier, y cogiendo una cerilla, encendió su pipa con cuidadosas bocanadas.

Lo sobresaltó un grito de su esposa.

—¡No! ¡No! No resisto ese olor.

Él la miró con benévola perplejidad.

—Cariño, no te pongas nerviosa. Al fin y al cabo, no puedes escapar del olor del tabaco. Lo encontrarás en todas partes.

—¡Sí, en todas partes! –Esbozó una crispada sonrisa, y susurró unas palabras que él no entendió, las palabras que en su día había elegido para la nota necrológica de Tim Nugent–. Mientras haya luz, recordaré, y en la oscuridad no olvidaré.

Con ojos desorbitados, contempló la espiral ascendente de humo, y con voz baja y monótona repitió:

—En todas partes, en todas partes.

EPÍLOGO

«Mientras haya luz» se publicó por primera vez en *Novel Magazine* en abril de 1924. Para quienes conozcan la obra de sir Alfred Lord Tennyson, la verdadera identidad de Arden no será una sorpresa.

Tennyson era uno de los poetas preferidos de Agatha Christie, junto con Yeats y T. S. Eliot, y su *Enoch Arden* sirvió de inspiración asimismo para la novela *Pleamares de la vida* (1948). La trama de «Mientras haya luz» se utilizó después, desarrollada, en *Un amor sin nombre* (1930), la primera de sus seis novelas escritas con el seudónimo de Mary Westmacott. Aunque con menor interés para muchos que su literatura policiaca, en general se considera que las novelas de Westmacott proporcionan una especie de comentario sobre ciertos episodios de la propia vida de Agatha Christie, algo así como una biografía paralela. En cualquier caso, Agatha Christie encontró en ellas una buena manera de escapar del mundo de la novela policiaca, para decepción de sus editores, que comprensiblemente no veían con demasiado entusiasmo todo aquello que la distraía del trabajo de escribir historias de detectives. La más interesante de las seis es la que lleva el acertado título de *Retrato inacabado* (1934), que el segundo marido de Agatha Christie, el arqueólogo Max Mallowan, definió como «una mezcla de gente real y sucesos imaginarios... más próximo a un retrato de Agatha que cualquier otro libro».

Personalmente, Agatha Christie prefería la tercera novela de Westmacott, *Lejos de ti esta primavera* (1944), que en su biografía describió como «el único libro del que he quedado por completo satisfecha... Lo escribí en tres días. –Y añadió–: Fue escrito con integridad, con sinceridad; fue escrito como yo quería escribirlo, y para un autor ése es el mayor orgullo y satisfacción».

ESTE·LIBRO HA SIDO IMPRESO
EN LOS TALLERES DE
HUROPE, S. L.
LIMA, 3 BIS. BARCELONA